坚定
文化自信

在守正创新中
传承中华优秀传统文化

李函书
张　涛
薛　政 —— 著

辽宁人民出版社

© 李函书　张涛　薛政　2025

图书在版编目（CIP）数据

坚定文化自信：在守正创新中传承中华优秀传统文化 / 李函书, 张涛, 薛政著. -- 沈阳：辽宁人民出版社, 2025. 5. -- ISBN 978-7-205-11545-6

Ⅰ. K203

中国国家版本馆CIP数据核字第2025PB5565号

出版发行：辽宁人民出版社
　　　　　地址：沈阳市和平区十一纬路25号　邮编：110003
　　　　　电话：024-23284321（邮　购）　024-23284324（发行部）
　　　　　传真：024-23284191（发行部）　024-23284304（办公室）
　　　　　http://www.lnpph.com.cn
印　　　刷：辽宁新华印务有限公司
幅面尺寸：170mm×240mm
印　　张：14.5
字　　数：196千字
出版时间：2025年5月第1版
印刷时间：2025年5月第1次印刷
责任编辑：王晓筱　李　曼
装帧设计：丁末末
责任校对：吴艳杰
书　　号：ISBN 978-7-205-11545-6

定　　价：58.00元

前　言

　　在全球化浪潮与文化多样性面临挑战的今天，中华文明正以前所未有的姿态参与世界文明对话。当代社会对文化主体性的深刻思考，使得中华优秀传统文化作为民族精神命脉的意义愈发凸显。当数字技术重构文化认知方式，当代审美呼唤东方叙事回归，如何在守正与创新中激活中华文明的基因密码，成为时代赋予我们的重大课题。

　　本书循着"理论溯源—价值阐释—实践进路"的逻辑脉络，构建起文化自信与传统文化传承的创新研究框架。全书围绕"坚定文化自信，在守正创新中传承中华优秀传统文化"这一主题展开。首先阐述文化自信的理论溯源、内涵及其在四个自信中的地位作用。接着，深入探讨中华优秀传统文化的内涵、价值及传承的逻辑理路。在此基础上，本书从守正和创新两个维度出发，一方面介绍传统技艺、礼仪文化的保护与传承，古籍文献的保护利用；另一方面探讨非物质文化遗产的数字化保护、传统文化与现代设计的融合等创新发展路径。最后，研究如何以中华优秀传统文化培育文化自信，展现出独特的文化魅力和时代价值。

　　本书的完成凝聚了多方智慧与心血。感谢各位专家学者富有洞见的学术探讨，使研究得以不断深化；诸多文化实践者的经验分享，为理论研究提供了鲜活案例；特别要致敬那些默默守护文化薪火的传承者，他们的坚守让传统文化得以生生不息。我们期待这些思考能激发更多关于传统文化现代转型的对话，在文明互鉴的时代为文化传承创新贡献绵薄之力。

由于笔者水平有限，加之时间仓促，书中所涉及的内容难免有疏漏与不够严谨之处，希望各位读者多提宝贵意见，以待进一步修改，使之更加完善。

目 录

第一章
文化自信的理论溯源与地位作用

　　文化自信是民族复兴的精神基石，源于中华优秀传统文化、革命文化与社会主义先进文化的深厚积淀。本章从理论维度梳理文化自信的思想源流出发，探讨其含义与历史由来，辨析文化自信的内涵与生成机制，深入分析文化自信的特征与表现功能，并阐释文化自信在四个自信中的地位和作用。

第一节　文化自信的含义及历史由来

一、文化的相关概念

（一）文化的基本分析

1. 文化概念的哲学溯源与现代阐释

　　"文""化"在中国的古典典籍中最早是分开呈现的。"文"，在甲骨文中写作纹理交错的形状，在我国第一部系统地分析汉字字形和考究字源的字书《说文解字》中，"文"解释为"错划也，象交文"，指一切现象或形象。分天文和人文，天文意为天地万物阴阳二气在事物中的运行轨迹和原理；人文则指自然万物被人予以认识、点化、改造和重组。

"化"在甲骨文中写作一正一倒的两人之形状，左边为站立的"亻（人）"，右边是倒过来的"人"，表示"颠倒了"的意思，"颠倒了"即是发生了"变化"。因此，"化"字在古语里专指人的姿势神态的变动。由此衍生出变化、感化、转化等意义，《说文解字》将其解释为"教行也"。"文""化"二字一同出现是在《周易》的《上经·贲（卦二十二）》中："《彖》曰：贲亨，柔来而文刚，天文也。文明以止，人文也。观乎天文，以察时变，观乎人文，以化成天下。"但此处，二字尚没有组合在一起。"文化"二字联袂成词最早的是在西汉刘向的《说苑·止武》："圣人之治天下也，先文德而后武力，凡武之兴，为不服也，文化不改，然后加诛。"这里的"文化"，指的是"以文教化"，即以"文德"来"教化"的意思。

时至今日，在现代的日常生活中，"文化"一词使用非常频繁，"文化"一词的概念界定也相当困难，20世纪50年代，美国学者克拉克和克鲁伯在《文化，关于概念和定义的探讨》中就明确统计了文化的定义有164种，加之未完全统计的，文化的定义可能多达几百种，甚至上千种。就我们常见的，如"文化"是指与人类政治、经济、军事相提并论的某一门类；"文化"用来衡量某人的受教育程度、是否文盲的评价尺度等。在学者眼中，"文化"的定义简略但内涵饱满。梁启超认为，"文化者，人类心能所开释出来之有价值的共业也"，他把文化分为广义文化和狭义文化，广义的文化包括政治、经济；狭义的文化单指语言、文字、文学、美术、科学、史学、哲学等。[①]

尽管"文化"的定义还没有一个能穷其所有的规范解释，但作为本书的研究对象来讲，给出一个恰当的核心概念是非常有必要的。"马克

---

① 谭永清，高峰. 浅论中华文化起源与文化发展的因素［J］. 中学政治教学参考，2011（1）：125.

思主义唯物史观认为，文化是指人类的思想文化结构，是一定地域民族的意识形态、道德规范、风俗习惯等精神活动的模式化及其稳定状态，它是社会经济结构和政治结构的反映，同时又对社会经济结构、政治结构具有反作用，有着自身存在、发展、演化规律，具有自身的相对独立性。"

按照文化的马克思主义唯物史观的定义，文化是一种精神，但它离不开物质，必须有物质载体；离不开人与自然的关系，必须有社会载体。比如树根不是文化，根雕才是文化；石头不是文化，但石雕才是文化；冰雪是自然物，但冰雕才是文化。因此，文化是人类在实践活动中形成的，文化具有社会性，在文化的社会结构上，我们通常将文化分为两类基本形态，即世俗形态文化和理论形态文化。其中，"世俗形态文化分为三种：第一种是日常生活的文化观念；第二种是民间文化；第三种是大众文化"。而与世俗形态文化相对的是理论形态文化，分为两个层次，"一个层次是意识形态的部分，如哲学、法律、文学、艺术、道德等，其中包含世界观、人生观、价值观；还有一个层次是非意识形态部分，如科学、技术、语言等，这属于知识的部分"。当然，文化也具有融合性、感化性和指导性等特征。

基于文化的基本内涵和属性特性，文化的作用不可估量，文化是软实力的核心，其文化力具体体现在以下八种文化分力之上。第一，文化具有吸引力，即不依靠任何的强迫性手段，只是凭借文化的自身魅力，就能把别的物体、别人的力量或别人的目光吸引到自己关注的地方上来。第二，文化具有创造力，即文化科学知识对于人类创造发明来说是一种孵化力和推动力。"创造"就是想出新方法，建立新理论，做出新成绩。文化所具有的创造力聚焦于文化潜能，是国家、民族振兴的火炬，同时，也是促进个人在平凡事业中创造不平凡业绩的必备素质之一。第三，文化具有生产力，即文化价值力，是文化作用于生产的最直接体现，它是文化发展之力，也是经济发展之力。第四，文化具有和谐力，即文化不是通过刚性的约束，甚至打压来维护社会稳定或调节社会关系的，它通过"随风潜入夜，润物细无声"的引导、梳理、微调、感染、潜移等文明方式来促进和谐。文化和谐力是马克思主义科学的世界观和方法论，是促进社会稳定、维护社会和谐的一种综合能动力量，是对和谐本质与规律的升华思考，贯穿于经济、政治、社会和文化自身的各领域。第五，文化具有形象力，即文化是一种源于内而形于外的能力，文化形象力的优劣影响着文化吸引力的大小。第六，文化具有扬弃力，即文化同时具备否定与肯定的双重意义，从而在文化的发展中，能够被传承、交流、融合与创新。第七，文化具有凝聚力，即文化是凝结国家、民族、社会之魂的亲和力，文化凝聚力是一种自身内质力量的联合，是一种强大而后劲十足的发展之力。第八，文化具有永恒力，即文化的作用发挥是在根基上，一旦形成一种文化价值观念或文化思维观念，这种观念就会持久存在，不会轻易受到外界干扰，这种文化的作用力和影响力是永恒的。

2. 文化的结构与类别

文化由于其内涵的广泛性而决定了其外延的宽泛性，文化研究者往往根据各自不同的视角，对文化做不同的分类。例如：从时间角度上，可分为原始文化、古代文化、近代文化、现代文化等；从空间角度上，可分为东方文化、西方文化、非洲文化、南亚文化等；从地理环境上，可分为大陆文化、海洋文化、草原文化等；从生产方式上，可分为农业文化、工商文化、游牧文化、旅游文化等；从社会阶层上，可分为贵族文化、平民文化、官方文化、民间文化等；从文化的结构或自身逻辑上，可分为物质文化、制度文化、行为文化、精神文化等。

既然文化是人类有意识地作用于自然、社会和人类自身的一切活动及其结果，那么，从人类活动蕴含的各种关系（人与自然的物质变量关系、人与社会的行为转化关系、人与自身的自我意识关系）的角度观察和分析文化的构成就是最恰当的了。概言之，文化结构的浅表关系呈现为：文化结构的表层、深层、中层，分别对应着物质文化、精神文化、制度文化与行为文化。

（1）物质文化

构成文化基础的物质文化，是文化中活跃程度最高的因素。人类的物质生产行为，带来的后果总和，统称为物质文化。作为人与自然之间关系的直接反映，物质文化是人类认识自然、利用自然、改造自然的效果呈现，人类为了自身的生存与发展，必须满足衣、食、住、行等方面的基本生活需要，为了实现这方面的目标，个体需要运用劳动工具发挥自身的工艺技术，从而影响、改变甚至改造传统的物质文化原初形态。在人类漫长的进化历程中，利用自然资源谋取个体的生存与发展条件，并将自然环境转化为丰富的物质文化，创造出层出不穷的物质文化产品，正是物质文化起源与诞生的典型镜像。

物质文化久经时间的积淀，最终凝聚为精神文化、制度文化以及行为文化。我国传统农业社会形成的复杂宗法关系，围绕年龄、辈分与职业，形成群体中不同个体在衣、食、住、行等方面的差异化规则。

（2）精神文化

作为文化整体核心的精神文化，是在人类长期有意识的社会实践活动中，形成的总体社会心理意识，并具体表现为特定民族的道德情操、价值观念、思维方式、审美趣味、性格特点和民族情感等。

精神文化可以具体划分为两个层次，即社会意识和社会心理。其中，社会意识主要是指社会心理系统加工后的主要成果，既表现为思想、观念与信仰的定性归纳，又表现为社会存在的深刻反映与物化展示。社会心理指的是受物质文化影响以及制度文化约束，与行为文化具有互融、互相作用与联系，并且零散存在的大众心理。

民族与时代特点鲜明的精神文化，可以通过文学与艺术作品，反映特定时期个体的情趣追求与愿望需求。因此，文学作品的艺术风格与思想内容，必然反映了作品诞生时代的精神文化。我国古代文学与近现代文学，都擅长以曲折的笔触，描画生动的情节，用丰富的手段叙事，创作伦理题材的文学作品。

（3）制度文化

社会活动的参与者，都必须妥善调节各种人际关系，由此形成社会成员普遍遵守并且共同认可的行为规程与办事准则，就是社会正常运转所需的制度。人类在社会实践过程中，会约定婚姻家庭成员认可的法律制度，以及社会成员应该遵守的其他经济制度等理念规范和行为准则。

具有主观意识的个体以社会实践为经验总结基础，创造出来的客观制度，会对社会成员的思想与行为产生制约效力。由此可知，文化系统中权威性最强的文化种类，就是规定文化整体性质的制度文化。

（4）行为文化

行为文化是制度文化时代内涵的直接反映，在更深的层面上，又会受到精神文化的影响和约束。人类久经社会实践的历练，形成的复杂人际关系，以及约定俗成的交往习惯，这种在日常生活中，以风俗习惯形式出现的具有鲜明时代特征和民族特征的行为模式，就是行为文化。

约束社会成员个体行为的制度规范，既有可能是暴力他律、有形并且强制性特点鲜明的物质实体，也有可能是自律非物质性、毫无强制色彩的无形精神与内在良知。包含价值、道德与审美观念在内的行为文化，由于受到传统观念的长期浸染以及外来文化的深刻影响，会跟随物质文化的进步与发展以及精神文化的转变与更新，不断地发生变化。因此，时代特征显著的行为文化，具有与时俱进、常变常新的发展特点。

总体来说，分属于文化结构中不同层次的物质文化、精神文化、制度文化与行为文化，虽然各具特点，但却形成了和谐融洽的有机整体，这些文化层次之间既相互联系，又具有显著差别，互依共存、相互制约、互相渗透地共同推动文化发展。

3. 文化的特征表现

文化的特征表现在以下方面。

一是民族性特征。文化具有民族性的特点，对于不同的民族也存在不同的民族文化，因此也带有独特性的特点。当然，在民族内部，文化的存在也不是一成不变的，也具有一定差别，特别是阶级社会，其民族文化不是统一的，并必然不是唯一的。从实际情况来讲，民族文化都包括两种民族文化，这两种民族文化从表现形式、特征来讲虽然对立存在，但也存在一定共同之处。如小说、地方性剧种、京剧、诗、山水画及书法等文化产物，都能体现中华文化的特性，也具有民族性特征。

二是变化性特征。文化的具体内容也会根据所处时代不同而有所变化。在资本主义之前的时代，各民族或国家的人民通常只活动在自己的领域范围，而缺乏人与人、人与外界以及民族与民族间的交流，因此该阶段的世界历史还没有出现，而只衍生了国家内部历史。因此，这一时代的国家具有国家内部社会性和民族文化历史性两种特点。不同时代的文化特征主要由当时的生产力水平决定，生产力水平决定社会结构，继而影响精神、政治的产生。由此看来，探究文化的时代特征应分析当时所处时代的社会结构，通过研究社会的发展来分析文化的发展。

三是阶级性特征。在不同的时代中，文化呈现出显著的阶级性特点，但同时也会存在一些无阶级性的内容，如语言特点、风俗习惯等。这是因为文化是人类的创造产物，而人的本质又带有阶级性的特点，从而对人类的目的、感情、爱好以及品质等产生影响，并通过文化表现出来。另外，对于人文文化来讲，它不仅组成了社会意识形态，还构成了社会文化，并且还受到经济关系的影响。人文文化主要包含法律、政治学、哲学及道德等，这些内容可以反映所处时代的经济关系以及阶级群众的利益关系。

对于文化的阶级性来讲，虽然它主要受人类的阶级性所影响，但也会因为某些阶级立场以及利益关系的差异有所不同。对于哲学、道德及法律等这些文化内容来讲，它们不仅包括丰富的知识内容，而且还具有突出的意识形态。在阶级社会，社会文化主要反映统治者的思想，体现了统治阶级地位的意识形态。统治者的思想对社会和文化形成、发展产生影响，被统治者也必须服从统治者的意愿，按照他们的想法和意愿实施自己的行为。

四是时代性特征。文化的固有属性主要体现在文化的时代性特征方面。对于这一属性来讲，它不仅决定了文化的内容，而且还影响了文化的表现形式。当然，文化也具有进步性的特征，体现了时代的先进性和社会的发展，遵循了历史发展规律，会跟随时代的发展而发生相应的改变。虽然处于任何时代或者社会形态的文化都具有时代性的特征，但这些文化也不全是先进性的，换句话说，有些文化与现阶段社会发展情况并不相吻合。就拿哲学来讲，它也反映了所处时代的情况，但反映的方面如果是先进、符合社会发展方向的，那就是所处时代的精华。这主要是因为它们不仅可以反映出所处时代的发展方向，还能够体现该时代的主体部分，对某些问题的解决提供一定参考。

4. 文化的主要功能

文化的功能体现在以下两个方面。

（1）创造功能

人类在社会实践中创造并享用文化，且具有十分丰富的表现形式。社会是文化的载体，不同的社会结构具有不同的文化产物，当然也具有不同的性质。

与人的生物遗传不同，文化属于社会遗传，这也就意味着文化的产生、发展必然会跟随社会的结构性质而变化，并与社会制度相一致，实现社会稳固。

文化具有精神性和社会性的特征，与人类的精神活动有关，因此会受到人的精神作用，但同时文化也需要借助社会上存在的物质或语言形式表现出来。社会是文化的载体，通过这种载体，人的主观精神、个人意识会转化成为客观精神、社会意识，从而对社会产生影响，形成独特的社会文化环境。社会阶级体系影响人民群众的生存环境，即间接影响人的成长、发展。一个人的成长和发展过程中，会受到学校教育、家庭氛围及社会风气等众多方面的影响，通过感知社会文化环境变化而被社会所同化。同时，文化也会对社会产生一定制约作用。当一个人长时间处于某种社会文化环境中时，就会对这一环境产生依赖效应，如果脱离这种环境或环境发生改变时，便会形成强有力的制约力量，与改变的文化环境产生对抗，而受文化制约、影响的人被称为反叛者。由此看来，社会进行文化建设主要是为了培养和提升人民群众对自身文化的归属感、认同感，从而增加新时代青年对国家、民族的文化认同感。

（2）建设功能

我国目前仍处于市场经济体制取代计划经济体制，并日益完善的阶段，在这样的大背景下，文化建设的目标和任务也需要随之发生改变，因此我国的文化建设工作也十分艰巨和繁重。

经济是文化发展的基础，因此社会主义经济建设会促进文化建设，并为其奠定物质基础。

社会主义市场经济不仅要把握社会主义制度，还要把握公有制的主体地位，通过公有制实现国家对市场经济的调节。没有抽象和独立的经济存在形式，必须依赖社会制度而存在。就资本主义国家来讲，经济存在形式主要是资本主义市场经济，而对于社会主义国家来讲便是社会主义市场经济，两者虽然都实行市场经济，但本质不同，必须与社会制度的性质相吻合，如果这两者混用，可能将引发巨大的发展矛盾，不适用本国经济甚至是政治、文化的发展。当然，在资本主义国家使用资本主义经济也有可能存在矛盾，即使是健康的资本主义市场，也会存在与资本主义市场经济之间的矛盾。我国实行的是社会主义共产性质，而这与资本主义国家不同，因为资本主义市场经济追逐利益最大化，而社会主义市场经济的目标是达到共同富裕。当然，社会主义市场经济体制并不意味着社会主义市场经济对市场具有绝对的制约性，没有自主性，相反社会主义市场经济同样具有一定自主调节性。而对于社会主义文化来讲，它也会对社会主义市场经济产生影响，并调节和解决其带来的负面效应，进而促进社会主义市场经济崛起。因此，我国应积极加强社会主义文化建设，并改进和完善其中的制度政策和具体方针，切实落实社会主义文化各项政策措施。

相比以往传统的文化建设，处于社会主义市场经济条件下的文化建设明显有了快速、积极的发展。对于市场经济来讲，它为社会主义文化建设提供了一定基础。市场经济为社会主义文化的建设、发展带来了更多资金，这种物质基础不仅可以激发人民群众的创造热情和创作潜能，还能够带来一定竞争压力，提高人民群众的参与积极性和主观能动性，从而促使更多优秀的作品、人才出现。当这些优秀人才和作品积累到一定程度，便会形成组织化和产业化，从而为文化建设提供新的市场，促进优秀文化产物的产出、交易及文化的传播。

当然，市场经济为文化建设带来众多益处的同时也为其带来一定弊端。例如，市场经济可能会出现拜金主义，影响社会主义文化的建设和发展。因此，在社会主义文化建设过程中，人民大众不仅需要时刻保持清醒的认知，并且要始终遵从中国特色社会主义的建设目标。中国特色社会主义始终是社会主义文化形态、政治形态以及经济形态的统领，其建设也必然要以中国特色社会主义为基础。就我国实行的社会主义来讲，其推行市场经济的目的便是为了促进我国社会进步，经济和文化协同发展。同时，社会主义市场经济体制的制定也符合了国家实际情况，充分激发人民群众的创造性，进而带领社会广大人民群众走在幸福、富裕的道路上，最后实现社会共同富裕。

研究文化自信问题，讲清楚文化自信的基本含义和历史由来至关重要。从字面上理解，文化自信是以文化之基，筑自信之石；反过来，则是以自信之心，扬文化之力。因此，廓清文化自信的含义和由来，本书先从文化与自信的各自定义来进行逐一探讨，然后在此基础之上研究所提出的文化自信的基本概念以及文化自信的历史由来。

（二）自信的概念解析

1. 自信的概念

所谓"自信"，在中国古代文献《旧唐书·卢承庆传》中有："朕今言卿，卿何不自信也？"的记载。《墨子·亲士第一》中也有"君子进不败其志，内究其情，虽杂庸民，终无怨心，颇有自信者也"的总结。《辞海》作为大众性和常识性的传播工具解释通俗易懂，指出自信即是"自己相信自己"。

从学理上而言，学者们对于自信的定义确认则莫衷一是，仁者见仁，智者见智。如有一些学者认为，"自信就是个人对自身力量的确认，对自己所做各种准备的感性评估，深信自己一定能做成某件事，实现所追求的目标，亦即自己相信自己"；也有学者指出："从心理学的角度来讲，自信是一种对自己素质、能力做积极评价的稳定的心理状态，即相信自己有能力实现既定目标的心理倾向，它建立在自己对自己正确认知的基础上，是对自身实力正确估计和积极肯定的自我意识的重要成分"；也有学者指出："自信不是自卑，也不是自负，而是自觉的表现。高度自觉，意味着对必然性的正确把握、对规律的深刻揭示，是对自发性的否定与超越。它应然地包含着自省和理论的创新。"①

关于对"自信"的理解，从马克思主义唯物史观出发，笔者认为，"自信"的生发是主客体之间相互作用的结果。首先，从自信的主体来理解，自信的主体是人，自信是人的充分自觉的自我性意识，自信是人的意志的坚定。自信不是骄傲，不是自负。其次，从自信的客体来讲，自信不是盲目的、无条件的，它是对社会实践活动过程及结果的把握，理性认识的基础必须立足于客观实践，且以时间、地点、条件为转移。再次，从自信的主客体关系的统一进行理解，自信是参与社会实践活动的高度主动性和积极性，有了高度的自我意识，就有了高度的信心，在社会实践活动中就更容易激发潜能，不断创新，从而向更高程度的自信迈进。

"自信"的力量是无穷的，我们在从事任何积极的事情、面对任何正能量的事物之时，一定要建立对其强烈的自信，旗帜鲜明的排除干扰，在充分的实践中不断调整，使其达到预期目标，从而更好地促进自身和其他事物的发展。当然，对于自信也存在一些误区，我们在这里也要加以更正。

首先，将自信视为成功的充分条件是一种片面认知。马克思主义唯物史观强调，任何实践活动的成功，都需要主体在尊重客观规律的基础上充分发挥主观能动性。自信固然是重要的精神动力，能够显著提升实践效能，但仅凭自信并不足以确保成功。真正的成功还需要持之以恒的毅力、科学的方法论指导，以及主客观条件的有机结合。因此，自信与成功之间并非简单的因果关系。

其次，将自信视为成功的派生品更是一种本末倒置的观点。事实

① 春天．重塑自信，找回自我［M］．北京：北京工业大学出版社，2016：18-21．

上，自信与成功构成辩证统一的互动关系：自信作为内在驱动力推动实践，而实践成果又反过来强化自信，形成良性循环。若将成功预设为自信的前提，则无法解释众多成功者在逆境中依然保持坚定信念的现象。历史经验表明，许多重大突破往往诞生于屡败屡战的坚持之中。

最后，关于自信程度的把握也需要辩证看待。唯物辩证法告诉我们，任何事物的发展都存在"度"的规定性。适度的自信能够激发潜能，但一旦超越客观实际，就会异化为自负或自卑，不仅无助于实践，反而可能导致认知偏差和行为失当。因此，健康的自信应当建立在对客观条件的理性评估基础上，既要避免信心不足的保守倾向，也要防止盲目自信的冒进倾向。

因此，我们应当以辩证思维看待自信问题，既要充分肯定其在实践活动中的能动作用，又要避免将其绝对化或简单化，这样才能真正发挥自信在促进个人发展和社会进步中的积极作用。

2. 明辨"自信说"

目前，社会上流行三种自信说：自发盲目自信说、自为自强自信说、自知自强自信说。

自发盲目自信说。自发盲目地随大流，见到成绩沾沾自喜，而不知或无视或不承认有问题存在，自己不动脑子独立思考面前对象存在的是非好坏善恶，即随波逐流，人云亦云，随风倒，盲目自大自信。这是当今官场和学界的基本态势。弄虚作假自信说。自己外在表现得充满信心很自信，其实内心很空虚，因为明知自己弄虚作假做坏事，却佯装不知掩耳盗铃；或故弄玄虚，哗众取宠；或有意捏造事实，颠倒黑白，混淆是非，强词夺理；或拍着胸口保证货真价廉，亏本甩卖；或冒名顶替，装腔作势，狐假虎威，仗势欺人。其实，就像纸老虎，不堪一击，一戳就破。这在市场交易中表现得特别突出，官场和学界也不乏其人。

自为自强自信说。这种人，善于自觉观察调查事实，勤学爱思自省，在价值理性评价基础上，勇于实干创新，敏于事而讷于言。虽讷于言，但是，一旦说话，敢于担当，说话算数，言必信，行必果。这在当今现实中人数不很多。笔者认为，前两种自信，皆是虚假的自信说。因为他们不去观察调查事实，懒于学习思考，更怕实干创新。而是盲目自大自信和弄虚作假自信，背离或无知或无视或不承认客观的和主观的真实存在的现实情况。或对客观外界和自己主观真实存在的现状情况，只知其一，不知其二，缺少自觉沉着冷静清醒的价值分析评价。而客观存在的问题，是不依你主观意志为转移的真实存在的现实情况，你又没有真正的能力、实力和底气，一旦真的遇上事，不堪一击，就像纸老虎，一戳就破。

只有第三种自信说——自知自强自信说，才是在自觉、理性价值评价基础上建立起来的自为自强的真正的自信说。因为这种自信说，不仅对自己、更是对他人的真实能力和真正实力有全面了解。知己知彼，对未来胸有成竹，不仅有勇气创新发展，敢于担当责任，而且有自知之明，勇于自我批评，知过必改，是建立在自觉，对自己的能力、实力底气真正了解的价值评价理性基础之上的自为自强，故对自己能够代表时代发展大方向充满自信心。他们在当今现实中人数虽然不很多，但是，有决心、耐心、毅力，敢于担当，勇于创新，有所作为，是中华民族的民族魂和脊梁骨，真正代表时代发展的大方向。其思维方式和工作方法可简要概括为：自在者在，自信者立，自勇者为，自发者盲，自觉者醒，自省者得，自悟者通，自知者明，自容者大，自胜者强，自止者安，自由者乐。

二、文化自信的精神内核

究竟什么是"文化自信"呢？笔者理解，所谓"文化自信"，就是指一个现实的个人（公民），或一个政党、一个民族、一个国家对本民族自己的传统文化存在价值的充分肯定和积极践行，并对传统文化的生命力和自我发展能力持有坚定的自信心。

中国优秀传统思想文化体现着中华民族世世代代在生产生活中形成和传承的世界观、人生观、价值观、审美观等，其中，最核心的内容已经成为中华民族最基本的文化基因。我们今天倡导"文化自信"，就是要把千百年来积淀在中华民族内心里，早已成为日常实用而又习惯成自然不觉其存在的沉睡的古老"东方雄狮"的潜意识唤醒起来，使其成为自觉自醒主动自为的显意识，从根本上振奋当代中国人为实现中华民族伟大复兴而发愤图强拼搏奋斗的精神志气和勇气。中华民族伟大复兴的本质是复兴中华文明的精华。正如3000多年前的《周易·乾卦》讲："见龙在田，天下文明。"《周易·贲卦》讲得更深刻："文明以止，人文也。"就是说，只有一个民族的优秀文化在一定历史时期里发展到极致，使本民族摆脱原始野蛮的生存方式和将其积极进步、优秀的内在的民族精神的精髓、精华在实践中外化外现为光明，影响和促进人类生活方式更加美好幸福。这种外现为光明的文化，才可以谓之"文明"。可见，"文明"有文与野之分。①中华优秀传统文化是5000多年中华文明活的灵魂，是中华民族的民族魂。如果中国人丢掉了中国优秀传统思想文化这个灵魂，我们这个国家、这个民族是站立不起来的，更不要说，复兴中华文明和实现中华民族伟大复兴了。所以，我们一定要牢固树立起对中华优秀传统文化的自信心。

三、文化自信的历史由来

今天的中国已走出了曾经的历史困苦，但在面对新时代的社会转型

---

① 杨起予. 文化自信的历史由来和现实思考［J］. 上海师范大学学报（哲学社会科学版），2019（6）：15-18.

问题时，认识和理解当今中国文化的内涵和文化自信的来源同样也成为我们认识和理解中国道路与马克思主义中国化的重要途径之一。文化与历史相连，历史与现实相连，在几千年文明发展中孕育的中华优秀传统文化，在党和人民伟大斗争中孕育的革命文化和社会主义先进文化，积淀着中华民族最深层的精神追求，代表着中华民族独特的精神标识。中国特色社会主义文化，源自中华民族5000多年文明历史所孕育的中华优秀传统文化，熔铸于党领导人民在革命、建设、改革中创造的革命文化和社会主义先进文化，植根于中国特色社会主义伟大实践。从这些联系中我们可以看到，当今中国文化的构成基本出自三个源流，即5000多年延续而来的传统文化，"五四"以来的革命文化和建国之后形成的社会主义先进文化。这三者的共存是在近代以来中国的历史变迁中造就的，并且这三者都各自对今天中国的现实和中国人的精神世界产生深远而恒久的影响。它们将中国社会的过去和现在、现实和理想、个体和民族联系起来，共同构成了我们所说的中国文化的内涵，并因此而成为文化自信的来源。

（一）植根于五千年文明传承的文化基因

任何一个国家和民族，都有其固有的根本。这个根本，就是其文化。中华民族拥有5000多年文明史，中华优秀传统文化延续着我们国家和民族的精神血脉，支撑着中华民族生生不息、薪火相传，历经劫难而浴火重生，这一文化血脉是我们建设社会主义文化强国最强大的文化基因。

中华优秀传统文化的文化基因博大而精深，"以国为国，以天下为天下"的爱国情操，"天下大同"的人类情怀，"修齐治平"的心性修养，"天人合一"的境界追求，"民惟邦本"的政治理念，"民贵君轻"的民本思想，"和合"的美好理想等中华优秀传统文化蕴含着丰富的哲学思想、人文精神、教化思想和道德理念。这些思想、精神、追求和理念历久而弥新，在不断地创造性转化和创新性发展中与当代文化相适应、与现代社会相协调，展现出巨大的文化光辉，焕发出强大的文化生命力，是中华民族最独特的性格气节、最深层的精神追求和最根本的文化基因，可以为人们认识和改造世界提供有益启迪，为治国理政提供有益启示，为道德建设提供有益启发。正因为有着如此强大的文化基因，中华民族能够在世界文化激荡和世界民族先进之林中充满坚定的文化自信。

（二）淬炼于百年奋斗历程的革命文化精神

中国共产党成立百年来，在马克思主义先进理论武装下，顺应历史潮流、勇担历史重任、敢于作出巨大牺牲，从新民主主义革命到社会主义革命与建设，领导中国人民打败了压在自己头上的各种反动派，使中华民族改变了被压迫、被奴役的命运，整个国家实现了团结统一和繁荣富强。党和人民在伟大斗争中孕育出了一种改天换地、不畏艰险、勇于牺牲、敢于担当的革命文化。这一文化迸发出生生不竭、代代不息的文化动力，激励着一代又一代的中国共产党人领导中国人民矢志不移、不断前行。一切向前走，都不能忘记走过的路；走得再远、走到再光辉的未来，也不能忘记走过的过去，不能忘记为什么出发。面向未来，面对挑战，全党同志一定要不忘初心、继续前进。

革命文化时至今日仍然是我们行进在中国特色社会主义伟大征程中的持续文化动力。今天，我们面临的机遇前所未有，但我们面临的挑战也前所未有。只有不畏艰险、勇于牺牲、敢于担当，坚持问题导向，增强进取意识，才能一往无前、继续前行。正是因为革命文化所迸发出的文化动力，中华民族才能够在实现中华民族伟大复兴的道路中，站在新的起跑线上充满坚定的文化自信。

（三）开拓于新时代发展道路的文化方向引领

今天，我们比历史上任何时期都更接近中华民族伟大复兴的目标，我们一跃而成为世界第二大经济体。我们不仅要充满理论、道路和制度自信，更要充满文化自信。正是因为我们发展出的坚持以马克思主义为指导、凝聚人类文明成果、融合中华优秀传统文化的社会主义先进文化，使得我们能够走出一条植根中国特色的社会主义发展道路，走出一条坚持"和而不同"的和平崛起道路。我们要坚持走中国特色社会主义文化发展道路，弘扬社会主义先进文化，推动社会主义文化大发展大繁荣，不断丰富人民精神世界，增强人民精神力量，努力建设社会主义文化强国。

社会主义先进文化在政治信念、市场意识、社会理念、公民伦理和人本精神等层面具有自己独特的内涵与价值，是构建中国话语体系的最佳支撑。我们在面对各种文化价值的冲击和社会思潮的碰撞时，能够完全有信心为人类对更好社会制度的探索提供中国方案，讲好中国故事，发出中国声音，打造具有中国特色、中国风格和中国气派的话语体系，坚持为经济文化落后的发展中国家提供经验借鉴，发扬和传播我们自己的价值理念，为人类文明作出我们的独特贡献。正是这种科学的文化方向，我们才能在推进改革开放和社会主义现代化建设的进程中充满文化自信。

第二节　文化自信的内涵及生成机制

一、文化自信的内涵

文化自信是一种相对稳定的心理状态，它是指一个国家、一个民族、一个政党在深刻把握自身文化内涵、清晰明辨自身文化特质、充分了解自身文化优势的基础上，对自身文化价值、文化理念、文化生命力保持的积极状态和坚定信念。把握文化自信，理解文化自信的内涵需要从文化自信结构的三个维度着手，即文化自信的主体、客体以及主客体的关系三方面把握。

（一）文化自信的主体

对于文化自信的主体来说，我们所要增进的文化自信，是中华人民共和国、中华民族、中国共产党对于自我文化理想、价值、活力与前景的确信，高度的文化自信，内含了我们的党、国家和民族对于自身文化价值、文化理念、文化生命力的肯定与认同，体现了我们的党、国家和民族对于自身文化的主体担当。中华人民共和国、中华民族、中国共产党这三个主体是有机统一的，因此，它们的文化目标没有任何不同的地方，是完全一致的，即在中华民族优秀文化的底蕴之下，建立一种思想大系，对国家对民族对人类作出杰出贡献，正如《易经》所述："观乎人文，以化成天下"，这种"化成天下""为万世开太平"的理想抱负浸润了无数中华儿女的家国情怀、天下情怀，更加深刻地表明了中华人民共和国、中华民族和中国共产党崇高的文化理想、文化价值、文化理念。故此，文化主体坚定文化自信是我们在世界面临百年之未有大变局中站稳脚跟、屹立不倒的文化前提，是我们为中华文化再创新辉煌、为世界文化再添新文明的底气和勇气。

（二）文化自信的客体

对于文化自信的客体来说，即我们的自身文化，包含了三个方面。首先，包含5000多年历史长河中，中华民族优秀传统文化所蕴含的"天人合一"的自然观、"和而不同"的矛盾观、"通变执中"的发展观、刚健自强的实践观，以及尊亲尚德的社会观，这些构成了中华民族的文化根基，形成了独具特色的中华文化的底蕴。其次，包含着中国共产党带领中国人民在中国伟大革命征程中所创造的独特的中国特色革命文化，又称红色文化，其专指中国共产党自成立以来，党领导和团结全国广大人民群众在长期的革命斗争和社会主义建设中形成的理想信念、道德价值、思想精神，以及所取得的伟大功绩，它是一种特色的文化现象，带有鲜明的时代和民族的印记，它所表现出来的革命精神，锻造了中华民族精神的时代基因。最后，包含着与时俱进、不断发展的社会主义先进文化，它是对优秀传统文化底蕴和特色革命文化基因的传承，代表着人类社会先进文化的前进方向，是中国特色社会主义文化的现实优势。

（三）文化自信的主客体关系

对于文化自信的主客体关系来说，以马克思主义唯物史观的视角来审视文化自信，文化自信的本质其实就是一种文化实践活动，通过这种实践活动的联系，文化主体与文化客体建立了一系列关系，如实践关系、认识关系、价值关系，等等。因此，我们要不断推进和发展中国特色社会主义伟大实践，在伟大实践中坚定对三大文化资源的自信，为实现"两个一百年"奋斗目标和中华民族伟大复兴的中国梦而奋斗。

文化自信作为一种关于文化的价值判断，与其相对的是文化不自信，文化不自信有两种表现形式，一种是文化自恋、文化自大，它是指文化主体蔑视或者无视外来文化的优点和长处，对自身文化抱有的一种骄傲自大的心态，这种文化心态危害极大。文化不自信的另外一种表现形式是文化自卑、文化自弃，它是指文化主体不能善于发现自身文化的优点和长处，盲目崇外，轻视自身文化的一种自卑心态，这种文化心态也极其不正确，危害极大。因此，对待文化的正确态度就是文化自信，它是文化主体对自身文化的理性认知、自我塑造和弘扬，对外来文化的批判吸收、自我丰富和发展，以及对所有客体文化创新超越的高度自觉。

总之，中国特色社会主义文化是中华文化在当今时代的流段，是引领中华文化长河的潮头。因此，我们当牢牢坚定对中国特色社会主义文化的自信，积攒推动文化发展繁荣的激情动力，开创新时代中华文化的新气象，让中华文化走得更高、更快、更远。

二、文化自信的生成机制

文化自信的生成机制，属于文化自信问题的基础理论。它对研究当代中国文化自信的生成、发展和提升具有基础的理论指导意义。文化自信属于社会意识范畴，是对人们的一定的社会存在的反映，它本身不能独立存在。因而，文化自信的生成有赖于一定的客观物质条件，离开一定的客观物质条件，文化自信的生成是不可能的。文化自信的生成还有赖于构造相应的观念基础，为生活于其中的人们提供价值和精神归属系统，使人们能找到生命的意义和乐趣，使人们的心灵得以安顿。文化自信不是一成不变的，而是和其他事物一样，处于不断的变化过程之中。文化自信的生成既要有对自身文化的感性认同，还必须建立在对自身文化的理性反省和深刻认识的基础上。文化自信是文化主体在认识改造世界过程中，对自身本质力量的积极肯定和正面评价，因而，文化自信最终生成于改造自然、社会和人自身的实践过程之中。

（一）文化自信生成的物质基础

唯物史观认为，社会存在决定社会意识，社会意识是社会存在在观念上的反映。文化自信属于社会意识的范畴，是对人们的社会存在的反映。文化自信的产生、变迁和发展折射着社会物质生活演变的某种轨迹。文化自信不是独立自存的，文化自信有其深厚的社会物质根源。

文化自信，是作为主体的民族（国家）的文化自信，因而和一个民族（国家）的兴衰成败紧密相连。当一个民族（国家）兴旺发达、生机勃勃之时，就会对自身文化充满自信，反之，当一个民族（国家）衰落颓败、毫无生气、受人欺凌之时，就容易对自身文化产生怀疑、否定甚至自卑心理。

中国古代曾长期保持高度的文化自信，这与中华民族高度繁荣的文化是分不开的，但更为重要的是中国长期是世界上最强大的国家。公元前221年，秦始皇统一六国，建立起中央集权的封建制国家，奠定了中华民族团结统一的政治基础，为中国经济发展繁荣提供了强有力的政治保障。

文化自信的生成，绝不仅是主观的心理构造，它更是和社会进步、民族振兴、国家富强紧密相连。离开社会发展、国家富强和民族振兴，谈文化自信就是一种唯心主义的空想。文化自信生成的过程，和社会进步、民族振兴、国家富强是同一个历史过程。

当代中国文化自信的生成，离不开经济的健康发展和社会的和谐稳定，离不开我国社会主义政治制度的建设和完善，离不开我国综合国力和国际竞争力的提升，离不开中华民族伟大复兴的历史进程。

（二）文化自信生成的观念基础

文化自信的生成，光有物质基础是不够的，还必须有相应的观念基础。文化是人们在实践过程中创造的意义世界、观念世界和价值世界。对某种文化的自信，不仅意味着对该文化在认识、改造世界过程中所显示的巨大力量的认可，还意味着对该文化所提供的意义世界、价值世界和观念世界的认同，并自觉将该文化提供的价值观念、伦理要求、审美情趣等作为自己思想和行为的准则，从而在这种文化指导下的生活实践中获得身份认同、人生意义和精神归宿。

近代以前的中国长期保持高度的文化自信，除了上面所说的社会物质基础之外，还在于中国传统文化为中国人的文化自信提供了观念基础。中国传统文化观念为中国人建构了广阔的精神空间，这一精神空间为中国人提供了身份认同、生活意义和精神归属。

"道法自然，天人合一"是中国传统文化的核心观念。与西方的观念不同，中国文化很早就形成了天地生人的观念，《易·序卦传》中

"有天地，然后有万物；有万物，然后有男女"的观念，将人看作自然的产物，人在天地之间，天地人是中国文化中的"三才"。将人看作自然产物的观念，决定了中国文化将自然哲学和人生哲学相结合的思维路径。"天行有常，不为尧存，不为桀亡"（荀子《天论》），大自然有其运行的规律，它不以人的意志为转移。"道"就是大自然的运行法则，道生万物，在这个生的过程中，每个个别事物都从普遍的道获得一些东西，这就是"德"。对人而言，应该"顺德而行"，顺德而行也就是"顺道而行"。"德"成为中国人内心安顿的重要法则。中国文化把"道"与"德"的和谐统一即"天人合一"作为自己的最高追求。因此，老子所著的书被称为《道德经》。

在"道法自然，天人合一"的观念中，中国人将人生价值的立足点放在"求道"上，主张"人能弘道"，《论语》中则有"君子忧道不忧贫""朝闻道，夕死可矣"的圣人之言。然而这一观念却存在着个体生命暂时性和天地万物永恒性之间的矛盾，解决这一矛盾的最自然的手段，则是将个人安置在家族和社会之中，以个体的不断更新来保持血缘和族群的生生不息，从而实现这一"道德"观念的圆满。儒家主张的"格物、致知、诚意、正心、修身、齐家、治国、平天下"的人生追求，也是这种"道德"观念的合乎逻辑的产物。这种"求道"的终极追求在普通百姓中间，便体现为对"天地君亲师"的崇拜。在知识分子中间，体现在"为天地立心、为生民立命、为往圣继绝学、为万世开太平"的人生追求上。由此，中国人的心灵便得以安顿，在这样的观念中，中国人获得了人生的价值和意义，为了"求道"而不惜"舍身取义"的文化自信得以建立。

中国传统文化中这种"求道"观念，由于其所求的"道"不足以应对西方文化提出的挑战，因而在近代以来的文化论争中受到批判。中国共产党人在领导中国革命过程中，以共产主义思想体系为载体，实际上继承了中国传统文化的"求道"观念传统，因而，无数的共产党人为了民族的解放，为了共产主义的实现而不惜抛头颅、洒热血，写就了威武雄壮、可歌可泣的革命英雄史诗。最终，中国共产党人带领中国人民经过浴血奋战，终于推翻了帝国主义、封建主义和官僚资本主义，建立了中华人民共和国，建立了社会主义制度。中国共产党人显示了高度的文化自信。

当代中国文化自信的生成，需要构建相应的观念基础。其基本原则应是，在马克思主义指导下，克服西方文化和市场经济对以共产主义为载体的"求道"观念传统的侵蚀，在吸收西方文化优秀成果的基础上，实现对传统文化的"求道"观念的创造性转化和创新性发展，从而建构出中国特色社会主义文化自信的观念基础。

（三）文化自信生成的重要环节——文化反省

英国历史学家汤因比认为，人类文化是在"挑战—应战—挑战—应战"的往复过程中不断向前发展的。任何国家或民族总是生活在一定的文化模式和传统之中，这种文化模式和传统以潜移默化的形式规范着人们的思想和行为，赋予人们的行为以根据和意义，进而影响社会经济政治的发展和历史的进程。①然而，这种文化模式和传统并不是永恒的，它必然会遭受各种挑战而导致文化危机。

挑战来自两个方面，一个来自内部，一个来自外部。来自内部的挑战是指在没有或基本没有其他文化模式或文化精神侵入的情况下，由于该文化模式和传统内部的超越性（企图超越现行文化模式的趋势）和自在性（文化模式所具有的稳定性、客观性）之间的矛盾冲突而导致的挑战。文化是在人们的社会生产生活实践过程中逐渐形成的，一般而言，

---

① 周忠华，张诵威. 论文化自信的生成机制［J］. 武陵学刊，2020（5）：99-103.

一种文化模式，在其形成之初，能较好地适应人们社会生活实践的需要，其提供的行为准则、伦理规范、审美倾向等都易于被人们接受并形成传统。然而，随着生产力发展、社会生活变迁以及人们需求的改变，既有的文化模式就不再完全适合人们生产生活实践需要了，于是人们就产生了突破既有文化模式的愿望，当这种愿望越来越强烈而成为社会潮流时，既有的文化模式和传统就会遭受严峻的挑战，从而造成文化危机。

来自外部的挑战，指由于外部力量的干预、外来文化模式或文化精神的侵入而导致原有文化模式遭受的挑战。当然，从深层来说，这种来自外部的挑战能够发生作用，也是基于既有文化模式和传统内部的超越性和自在性之间的矛盾和冲突的。任何文化模式都是超越性和自在性的对立统一体，然而，一些文化模式往往形成超稳定结构，即使这种文化模式已经不再适合社会发展的需要，但由于它的超稳定结构，在没有外部力量干预的情况下，这种文化模式能成功地抑制内部超越性和否定性的向度而保持稳定不变，即使变化也会非常缓慢。外来力量的干预和外来文化的侵入使得原有的平衡被打破，既有文化模式中超越性、否定性的向度得到发展，从而对既有文化模式和传统造成挑战。这种来自外部的挑战的典型例子就是近代以来中国传统文化遭受西方文化的挑战，人们都比较熟悉，这里不展开论述。

无论是来自内部的挑战还是来自外部的挑战，当挑战导致文化危机时，既有的文化模式传统就不再能有效地维护社会秩序和规范人们的行为了。在文化危机发生时，由于既有行为准则、伦理规范等被打破，多数人往往表现为彷徨徘徊、惶恐不安，精神上找不到栖身之地。面对这种处境，不同人会有不同的反应和态度。有的人认为社会秩序混乱、世风日下，其原因就在于人们丢弃了既有的文化传统，因而他们主张恢复和弘扬旧有的文化模式和文化传统，表现为文化复古主义；有的人认为，现实社会的混乱和无序就是原有的文化模式和传统导致的，因而主张抛弃或彻底改变原有文化模式和传统，在中国近代史上表现为全盘西化论。无论是文化复古还是全盘西化，他们的心态都不是积极、自信的。文化复古主义者表面上维护民族传统文化，其实是封闭保守，是文化自大和文化自卑的结合体；而全盘西化论者则完全丧失了对自身文化的自信。

还有一些人，他们具备理性精神，以批判性的眼光对传统文化观念模式进行反省，对外来文化也进行分析批判，试图创造新的文化模式来解决文化危机。他们的态度是积极地表现出高度的文化自觉与自信。对传统文化模式进行批判和反省的过程，也就是新文化模式的重建过程。这种从旧文化模式向新文化模式的转变称之为文化转型。当新的文化模式得以建立而能够满足社会实践和时代发展需求时，越来越多的人会逐渐认同和接受新的文化模式，从而重新找到心灵的栖息之地而不再彷徨徘徊、惶恐不安，整个社会的"文化自信"便又逐渐生成。这样，文化反省就成为文化发展和文化自信生成的重要环节。

近代西学东渐以来，中华文化开启了现代转型的历史过程，在无数次的文化批判、文化论争中，在争取民族独立人民解放的革命斗争中，在社会主义现代化建设和改革的伟大实践中，中华文化的发展取得巨大成就。但总体而言，今天中华文化的现代转型仍然没有完成，还有不少封建的思想观念阻碍着我国社会主义现代化事业的发展。因而，在中国特色社会主义文化建设中，我们仍然需要以批判性思维方式，对传统文化进行清理，实现对传统文化的现代转型和发展，从而提升中华民族的文化自信。

（四）文化自信生成的现实途径——社会实践

实践观点是马克思主义哲学区别于以往哲学的根本所在。马克思主义哲学认为，实践是社会生活的本质，社会生活领域的一切现象都能从实践的观点得到解释。马克思提出，全部社会生活在本质上是实践的。凡是把理论引向神秘主义的神秘东西，都能在人的实践中以及对这种实践的理解中得到合理的解决。文化自信属于社会意识现象，自然也能从实践观点得到合理的解释。

文化是人类在认识世界、改造世界的实践活动过程中形成的观念世界、意义世界和价值世界。文化集中地体现了人的主体性、能动性、创造性，集中地体现了人的本质力量。人和动物不同，动物只知道消极被动地适应自然，而人却能积极主动地改造自然。"动物只是按照它所属的那个种的尺度和需要来构造，而人却懂得按照任何一个种的尺度来进行生产，并且懂得处处都把固有的尺度运用于对象；因此，人也按照美的规律来构造。"①人能够认识万事万物的规律，并懂得按照客观事物固有的规律去行动，同时人也按照自己的需求、自己的尺度去改造世界，按照人自身的审美标准去改造世界。当在反观自己的作品中感受到自身的本质力量时，"以集体无意识而存在的文化自信"便油然而生。

但是，在阶级社会，由于私有制以及阶级剥削和阶级压迫的存在，劳动人民不能充分享受自己的劳动成果和感受自己的本质力量，因而也不会有高度的文化自信。马克思著名的"异化劳动"理论指出，由于私有制的存在造成了劳动的异化，而异化劳动使得"人同自己的劳动产品""人同自己的生命活动""人同自己的类本质"以及"人和人之间的关系"相异化。在阶级社会，劳动者的实践成果反而成为统治劳动者的力量。②

文化自信的生成不仅依赖于改造自然的实践活动，更有赖于改造社会的实践活动。只有通过劳动阶级的革命活动，在革命活动中充分显示

---

① 周忠华，张诵威. 论文化自信的生成机制 [J]. 武陵学刊，2020（5）：106.

② 李竹君，郑庆昌. 试析马克思的异化劳动理论及其现实启示 [J]. 重庆科技学院学报（社会科学版），2017（8）：19.

自己改造世界的力量，进而消灭私有制和一切阶级剥削和阶级压迫的基础，使"他们共同的、社会的生产能力成为从属于他们的社会财富"①，劳动人民才能真正在改造世界的实践活动及其结果中充分感受到自身的本质力量，从而生成强大的文化自信。

改造自然和改造社会的实践活动及其成果为文化自信的生成提供了必不可少的条件，然而文化自信的生成和发展还有赖于劳动者主观条件的优化。就像只有音乐才能激起人的音乐感，对于没有音乐感的耳朵来说，最美的音乐也毫无意义。文化自信的生成也是一样，如果思想麻木、心灵干瘪、感受迟钝，那么即使在改造世界中显示出了强大的力量，可能也感受不到，文化自信也无从生发。因而，只有在改造客观世界的同时，改造主观世界，丰富心灵空间，提高人生境界，保持对外界事物高度的灵敏性，才可能生成丰富的文化自信。

第三节 文化自信的特征与功能表现

一、文化自信的特征

文化自信是我们国家、民族和中国共产党对于我们的文化价值、文化理念和文化生命力的充分肯定，是对于我们自身文化理想的坚定信仰与持守，是对于我们推动文化创新发展的坚忍与执着。文化自信是在新时代的背景之下，基于文化发展所需而提出的，具有鲜明的时代性；文化自信是我们党和国家建立在对文化发展规律、自身文化发展特点以及

---

① 李竹君，郑庆昌. 试析马克思的异化劳动理论及其现实启示 [J]. 重庆科技学院学报（社会科学版），2017（8）：20.

世界文化发展大势的准确把握的基础上提出的，具有鲜明的科学性；文化自信是对传统文化、革命文化和社会主义先进文化的坚定自信，彰显着我们独特的文化标识，具有鲜明的民族性；文化自信不仅是对中华文化的传承，也包括在新形势下我们文化的对外开放，具有鲜明的开放性；文化自信是中华民族对自身文化的一种信仰、信念、信心，凝聚着伟大的中国力量，推动中国特色社会主义伟大实践不断向前发展，具有鲜明的实践性；文化自信埋藏着巨大的文化潜能，是一种发展的、前进的自信，通过对文化主体中华人民共和国、中华民族、中国共产党和文化客体中华文化，以及二者关系的塑造，文化自信将被更多人所认同、践行、坚定，因此，文化自信又具有鲜明的可塑性。

（一）时代性

黑格尔认为，每一个时代都有一个"精神原则"或"思想原则"在支配着这个时代，他把它叫作"世界精神"。但"世界精神"具体到每个民族历史实践和历史发展，又表现为"民族精神"。尽管黑格尔的这种思想是用唯心的思辨的语言表达的，但其内涵却十分深刻。一个民族国家的"精神原则"是通过"时代问题"为自己开辟道路的。[①]

当今时代，文化与经济、文化与科技交融发展，文化在国家发展进程中的作用越来越凸显，但面对时代所呈现的文化特点、文化问题不得不引起我们高度重视。一方面，在国际上，和平与发展虽然仍是时代的主题，但西强我弱的文化格局尚未真正改变，文化霸权主义和文化扩张一直存在，他们利用天然的文化优势和先进的网络技术对我国肆无忌惮地进行文化渗透；同时，通过对西方国家强势的资本主义意识形态进行宣传，企图实现"和平演变"，从而动摇、瓦解中国特色社会主义制度。

---

① 曹爱斌. 文化自信的内涵及其在"四个自信"中的地位［J］. 人文之友，2021（4）：55.

另一方面，在国内，中国特色社会主义进入新时代，我们急需要一种科学的文化心理、文化态度、文化实践来对待中华文化以促进文化自身的发展和中国特色社会主义制度的发展。然而，近代以来，国人备受文化自卑自弃心理的困扰，致使我们对文化产生了一种被动，一些别有用心者利用这种文化被动鼓吹错误思潮，干扰人民群众的精神文化生活，同时，对党的领导也产生了极大的威胁。在这种情况下，我们党应时代之变，应现实所需，提出了文化自信思想，契合了新时代中国文化发展的新特点、新趋势，呼应了新时代中国人民在精神文化生活上的新问题、新需求和新期待，为中国乃至世界文化问题指明了方向，开出了一剂良药。

文化自信思想的提出是在全面建成小康社会的决胜期、全面深化改革的攻坚期和实现"两个一百年"奋斗目标的历史交汇期的关键节点应运而生的，系统全面地阐发了文化自信思想的内涵、地位和作用，以及增强途径等，深刻体现了文化自信思想与时俱进的时代性。

（二）科学性

科学性是文化自信思想的总体特征，纵观文化自信的要义和精髓无不体现着真理的光芒，闪烁着科学的光辉。文化自信，重在文化，贵在自信，这里的自信是自我坚信的能力和力量，是自我信任情感的体现。作为一种自由自觉的情感，自信的产生基于三个前提：对客观世界发展规律的正确认识、对主观世界发展规律的正确认识、对自身发展的不断修正。因此，文化自信的科学性主要体现在三个方面：文化自信的真理性、文化自信的价值性和文化自信的普适性。

第一，文化自信的真理性即一个国家、一个民族的文化能否对自身所处的社会现实和社会环境作出正确的认识，并通过一定的表达、评述能够给出相应的合理解释；同时，该文化能否真实地反映客观世界和主观世界的规律，并落脚于文化主体的实践作用，进而在科学的理论引导和方法论下有效地认识世界和改造世界。我们所要坚定的文化自信是以马克思主义为指导、以中华文化为生长点的文化自信，它充分反映了中华民族的精神气质和价值追求，是凝聚中国力量实现中华民族伟大复兴的精神指引，因此，从其一开始产生就具有科学的真理性。

第二，文化自信的价值性即一个国家、一个民族的文化能否与社会的主流价值标准判断相符合，能否以人民群众是历史的创造者为出发点，坚持以人为本，从而体现出广大人民群众的根本利益诉求；同时，该文化能否以前瞻性的视角走在时代前列，指引着未来社会的发展方向，并与时俱进，代表着未来社会的前进趋势。我们的文化自信守护了主流意识形态，塑造了国家核心价值观，促进了人的自由全面的发展，归根结底，是属于人民的文化自信，因此，文化自信的发展具有价值合理性。

第三，文化自信的普适性即一个国家、一个民族的文化能否以一种开放的姿态和兼收并蓄品质特征，包容外来文化，取其精华，去其糟粕；同时，该文化能否以其自身的科学性、合理性，吸引其他文化，感召其他文化，使其他文化充分信服和向往。我们的文化自信，在传承中延续文化的生命力、在开放中加强与他文化交流、在超越中推进文化创新，并通过这种对自身文化的传承、开放和超越实现我们自己的文化使命，也为其他国家提供了借鉴意义，因此，文化自信兼具普适性。

文化自信的真理性、价值性、普适性贯穿于文化自信的始终，要求我们在坚定文化自信的过程中必须注重理论与实践相结合、传承与创新相统一、国内与国际相联系，以此更进一步地彰显出文化自信思想的科学性。

（三）民族性

伟大的国家铸就伟大的民族，伟大的民族注定具有富足的精神斗志、充沛的理想情怀、积极向上的价值理念和人心向齐的民族凝聚力。中华民族向来如此，这得益于其精深的文化底蕴，中华民族将天下大同的理想置于社会主流精神之上，伴随民族进步，融入共产主义的信仰追求，并将其与中华文化相结合，深深扎根于中国人民心中，神圣不可侵犯，丝毫不可动摇。因此，我们所要增进的文化自信，是中华民族对于我们文化理想、价值、活力与前景的确信。文化自信的涵养，直接关系到一个国家和民族精神家园的安放、精神共识的凝聚、精神支柱的构筑和精神能量的激发。故，文化自信具有民族性。对于文化自信的民族性把握需要回归到文化自信的主客体构建维度上来。

从主体来看，文化自信的民族性一目了然，无论是国家、民族、政党，还是区域、集团、个人，他们集中到一点上都属于中华民族，都是由千千万万个中国人构成的，他们都具有中华民族的属性。外国人对中华民族文化的认同只会更加增强我们的自信，但不属于文化自信的范畴。从客体来看，文化自信的本身是对由共同心理、共同语言、共同经济生活、共同地域的中华民族创造的文化的自信，这种文化具有明显的中华民族的色彩，是中华民族的集体思想智慧结晶，是中华民族朝气蓬勃向前向上的价值引领，是中华民族不可撼动的精神磐石。从主客体的关系来看，文化自信是中华民族对于本民族文化的自信，其产生离不开中华民族对中华文化的肯定、自豪、坚持、传承和发展，对内表现为文化主体的思想和言行，即中华民族以爱国主义为核心的伟大的民族精神；对外则表现为处理与外来文化的关系过程当中，就是强调不能忽视民族文化的主体性、本源性。

文化自信的民族性，是中华民族对中华精神文化的信仰，是中华民族对自身有能力推进文化创新发展的信念，是中华民族对中国特色社会主义文化发展道路的坚定信心。我们要扎实走好文化发展中的每一步，坚定文化自信，实现民族复兴。

（四）开放性

任何一种文化都不可能与世隔绝，都需要在与其他文化的交流中，借鉴有益元素来汲取养分，从而更好地发展自己。在处理与外来文化的关系时，是闭关自守还是敞开怀抱，考验着一个国家、一个民族、一个政党的文化自信。两种不同的文化态度带来的文化结果也迥然不同，闭关自守导致的是文化心理的狭隘与短视，最终只会使文化停滞，如一潭死水，让人绝望沉闷；而敞开怀抱接纳的则是文化的朝气、活力和生机，越自信，就越开放，就越能够在与他文化的互动交流中使自身文化得到丰富和发展。

我们的文化自信具有开放性，这种开放主要体现在三方面：一是借鉴世界文明成果，即"拿来主义"。中华文化要在文化的开放中，学习人类一切文明成果，包括西方国家关于文化发展的有益经验，如文化的管理手段、文化传播的先进技术等，通过学习借鉴，更好地为我所用。"拿来"不是被西化，我们在"拿来"之前一定要做好自己的判断，这种判断必须立足当代中国实践、立足自身文化发展需要。这里也体现了一个文化民族性的问题。二是中华文化走向世界，即中华文化的"走出去"战略。中华文化的"走出去"战略应注重思想价值观念的"走出去"，即让世界了解中国，我们要充分挖掘中华优秀文化的思想精髓，提取文化价值的有益成分，精心打造中华民族文化品牌，依托文化的广泛交流，引导世人走近、接触、了解中华文化，使中华文化的积极合理因素得到世界的认同，并在对外进行文化的交流中为世界文明注入独特的、新鲜的中国元素。当然，在中华文化走向世界的过程中我们也需要注意很多问题，例如，尊重文化差异、了解他国文化政策、注重传播方式等，这需要我们妥善处理。三是吸收借鉴外来文化，将人类其他文明成果引进来，不应当只是单纯地"物理嫁接"，生硬地将外来文化与中华文化结合到一起，而是需要将二者进行有机的"化学反应"，即找寻外来文化与中华文化的契合点，打通二者的价值经络、无缝对接，其目的就是将引进的外来优秀文化转化再造，融进我们的文化当中，丰富发展我们自己的文化。

中华文明是在中国大地上产生的文明，也是同其他文明不断交流互鉴而形成的文明。比如，丝绸之路、玄奘取经、鉴真东渡，包括到了宋元时期马可波罗等人入华讲学、经商、传教，都大大促进了中外文化之间的交融，而那些时期，恰恰是我们国家最为强盛的时期。当下，在全球化的国际背景下，在全面对外开放的新时期，文化自信的开放性更是大势所趋。文化自信要求我们广泛吸纳、融汇一切外来优秀文化成果，我们要以开放包容的胸怀、辩证取舍的态度、转化再造的能力做好文化开放，更好地坚定中华民族的文化自信。

（五）实践性

文化自信是一个国家、一个民族、一个政党在深刻把握自身文化内涵、清晰明辨自身文化特质、充分了解自身文化优势的基础之上产生的，它虽是一种文化观念，但必须立足于实践，它是社会实践的产物。

当今时代瞬息万变，生产力的发展使人类社会拥有了巨大的物质财富，人们早已经脱离了物质匮乏、一切活动只为丰富物质要求的时代。然而，物质的解放却并没有带来信仰坚守的进一步提升，物质的巨人裹挟着精神的侏儒茫然前行，理想信念的光辉被物欲横流所吞噬，人们逐渐抛弃了更广泛、更深沉、更持久的文化的精神智慧。人们身为形役，心神被生活、功名利禄所驱使；人们的思想遭到外界束缚，被物质所迷乱；人们焦躁不安，身心处在一种极度不自由的状态，常常还做出一些违心之事。这种失衡的现象、道德精神的被压迫之感带来的是人们在思想领域产生的巨变和动荡。面对这种现实，习近平总书记从实践出发，通过对当前社会形势理性分析，做出了坚定文化自信的判断。文化自信思想的产生离不开广泛的社会实践，改革开放40多年，我国创造了举世瞩目的成就，但从当前中国的实际来看，人民在享受巨大物质成果的同时，精神文明的发展却不尽如人意，人民日益增长的美好生活需要和不平衡不充分的发展之间的矛盾在文化方面表现尤为明显。基于此，我们党立足当代中国文化发展实践，运用唯物辩证法的方法，科学扬弃中国文化的糟粕，吸收传统文化的合理内核，推崇革命文化的时代品格，打造先进文化的现实优势，借鉴人类有益文明成果，以人民的现实需要和期待为根本，以此来满足人民群众的文化需求，破除了人们思想上的不安，从而更好更高质量地保障了人民群众的文化权益。从此种意义上讲，文化的实践性，也是文化的人民性的体现。

文化自信的实践性，是对马克思主义唯物史观的科学参照和积极遵循，我们要坚持实事求是的原则，以问题为导向，破解实践中的难题，扫清实践中的障碍，更好地坚定文化自信。

（六）可塑性

文化自信具有可塑性，即中华文化的自我调整、自我适应、自我发展的能力。与其民族性类似，对于文化自信的可塑性分析仍然需要从文化的主体、文化的客体，以及文化的主客体构建关系来把握。

首先，文化自信的主体具有可塑性，即坚定文化自信的个人或群体具有可塑性。自信不是与生俱来的，它作为对自身能力的一种情感认可，是可以塑造的，因为自身能力是可以通过不断的学习努力，以及外部环境因素的变化而改变。改革开放40多年来，随着经济社会的发展，综合国力不断提高，中华民族越来越有了自信的底气和能力。相较于个人而言，伴随着祖国的发展进步，中国人民的精神面貌也发生了根本性的改变，我们比以前也越来越从容和自信了。其次，文化自信客体的可塑性，文化自信的客体即中华民族优秀传统文化、中国特色革命文化和社会主义先进文化，它们在自身不断的扬弃中前进，在与外来文化的交流中发展，通过中国特色社会主义伟大实践的推进，它们进一步提高了生命力、凝聚力、影响力，从而实现了自我的塑造。最后，文化自信的主客体关系的可塑性。文化自信的主体和客体的可塑性决定了其主客体关系的可塑性，通过潜移默化的熏陶、积极主动的引导、科学理性的教育等方式可以展现出中华文化的独特魅力和强大力量，进而培养文化主体对文化客体的浓厚兴趣，从而使文化主体肯定、认同、接受文化客体，并最终塑造和实现了文化主体对文化客体的自信。

文化自信的可塑性是中华文化的一种巨大优势，它给中华文化的发展带来了广阔的空间，我们要承认文化自信的可塑性，深入挖掘中华文化所蕴藏的巨大潜能，推动中华文化走向繁荣与强盛，更好地坚定中华民族文化自信；同时，为人类文明做出我们更大的贡献。

二、文化自信的功能表现

文化是一个国家、一个民族的立身框架，因寓于人们的生活日常，反映人的实践，规范人的行动，故而承载着文治教化的现实功能。文化以价值观念和意义系统来反映并组织世界，以鼓励或禁止的方式促使社会成员形成目标一致的行动方针。文化受众通过定位自我与他人，在集体身份与社会行动中将社会联系在一起，使社会成为一个有秩序的体系。文化以更基本、更深沉、更持久的现实功能将实践、理论与制度融通于一体。文化是一个国家、一个民族的灵魂，也是一个国家、一个民族之信仰、信念的底气和支撑，建立于优秀文化基础上的自信心是一个共同体赖以维系和发展的不可或缺的"良性情绪"，是激励国家、民族、个人从事一切活动、成就自我的精神之源，是蕴含在一个国家的道路、理论和制度背后的深层次的精神追求和精神标识。一个国家、一个民族、一个社会、一个人对自身文化的功能和价值之信念，是文化自信的基本表现。文化自信体现着文化对时代的观照和价值的引领，文化的功能是文化自信的基本前提和重要保障。

（一）文化自觉衍生

任何社会都是多元力量的有机构成，行动者的主观界定以社会共识为基础，认同本质是协商性的社会认同。文化作为凝聚共识、规范言行的价值体系，体现个体对社会群体资格的认同与遵循。

文化自信以文化自觉为前提，需建立在对自身文化的认知基础上。文化内化于社会成员的认知、情感和评价中，构成社会行为的心理基础。费孝通指出，文化自觉是文化接触中产生的精神需求，其存续依赖群体共识。文化功能包含认知、情感和评价三重取向，赋予社会价值取向，规范个体行为。

文化自信本质是价值自信，最高形态为理论自信。二者既区别又联系：理论自信规约文化自信，文化自信包含理论自信。文化作为价值选择体系，反映人类需求及实现方式。马克思主义揭示社会发展规律，为文明提供真理指导，其科学性使中国革命、建设、改革获得思想武器。

新时代文化自信源于对马克思主义的自觉坚持。马克思主义提供认识世界的科学方法，揭示人类社会规律，是共产党人的精神支柱。习近平新时代中国特色社会主义思想立足新时代，系统回答重大理论和实践问题，制定战略部署，展现真理力量。文化生命力在于穿透时代问题，指导发展，理论创新是文化自信的时代支撑。

（二）时代观照与价值共识

文化作为民族血脉和精神旗帜，始终贯穿党的历史实践。作为马克思主义政党，我们党始终通过文化建设引领方向、凝聚力量、推动发展。文化具有无形而持久的渗透力，承载着民族集体记忆与精神基因，是认同的根本。中华文明绵延不绝，正得益于深厚的文化传统与高度认同。历史表明，文化觉醒是民族复兴的先导，近代欧洲崛起始于文艺复兴，中国复兴始于新文化运动，当代发展奇迹源于马克思主义的思想引领。文化彰显民族创造力，是生存发展的精神支柱。

文化既是社会动力，更是文明标识。物质与精神协同繁荣是现代化特征，文化功能已超越传统定位，成为发展质量与效益的关键要素。文化资源驱动经济增长，文化产业助力经济转型，文化消费拉动内需。同时，文化作为"润滑剂"培育社会和谐，尤其在转型期不可或缺。

文化满足民生需求，保障美好生活。人既创造文化，亦被文化塑造。精神充实是幸福的核心，随着物质需求满足，文化期待愈发迫切，成为民生改善的重要内容。

文化还是综合国力竞争的核心。当今国际较量，文化软实力作用凸显，文化竞争力成为根本优势。我国虽为经济大国，但文化影响力尚需提升。唯有树立文化自觉自信，构筑文化优势，方能在国际竞争中维护文化安全，实现强国目标。

（三）精神传承引导发展

文化作为观念世界的人化体现，始终回应时代需求。党的十九大强调文化是国家民族的灵魂，新时代文化自信源自中华优秀传统文化、革命文化和社会主义先进文化的有机统一，构筑起新时代中国特色社会主义文化的基本内容。

中华优秀传统文化是精神基因。五千年文明孕育的灿烂文化，凝聚56个民族的精神纽带，是社会主义核心价值观的源头活水，最终汇入习近平新时代中国特色社会主义思想，成为中国特色社会主义文化的精神根基。

革命文化是红色基因。中国共产党的大无畏精神构成文化最澎湃的基因，革命历史是新时代的精神营养剂。弘扬革命传统，以红色基因补钙铸魂，才能凝聚民族复兴的强大精神力量。

社会主义先进文化是前进方向。马克思主义与中国实践结合形成的习近平新时代中国特色社会主义思想，系统回答新时代基本问题，注入文化新内涵，明确建设方略，成为新时代中国特色社会主义文化的行动指南，为解决人类问题贡献中国智慧。

（四）划时代意义与真理力量

中华民族伟大复兴需以文化自信为基石，中国特色社会主义文化承载着历史重任。信仰凝聚需科学价值体系支撑，习近平新时代中国特色社会主义思想正是新时代的信仰之源，为复兴伟业提供信念支撑。

真理力量源于双重维度：内在逻辑性与实践创新性。马克思主义认为真理力量根植实践，理论创新是保持生命力的关键。习近平新时代中国特色社会主义思想沿马克思理论道路创新，彰显真理生命力。

外在社会性赋予真理凝聚功能。真理将党心民心聚合为有机整体，在理想信念层面达成共识。以该思想为指南，筑牢思想防线，需强化马克思主义理论修养，坚定理想信念。

坚持真理是思想力量的动力之源。该思想科学揭示新时代社会主要矛盾转化规律，对全局工作提出新要求。理论自信凝聚共同思想基础，包含对中国特色社会主义道路的全面认同。

思想最终需实践检验。强调"信仰马克思主义"是知行信统一，既要认知认同，更要实践锤炼。该思想明确行为规范与价值取向，在行为实践中接受检验，实现个人价值与社会理想的统一。

第四节　文化自信在四个自信中的地位和作用

文化自信，从广义上讲是一个民族对于自身文化传统和核心价值在自觉认同基础上演变形成的坚定的信仰和意志。世界上每一个民族都有自己的文化传统和核心价值，但这并不代表这个民族拥有高度的文化自信。缺少文化自信的民族在人类发展的历史长河中是无法长久立足的。中国共产党人肩负为人民谋幸福、为民族谋复兴的伟大历史使命，高度的文化自信被赋予了新的时代内涵。

一、文化自信基础性广泛深厚

中华优秀传统文化、革命文化、社会主义先进文化成为指引一代又一代中华儿女顺境中壮大、逆境时奋起的思想文化元素。近代以来的中华民族经受了太多的磨难。不甘被奴役的中国人，开始了"开眼看世界"的艰难进程。中国的国门是被侵略者的炮火轰开的，于是便有了"师夷长技以制夷"的"洋务运动"，企图建造自己的先进的"器物"以自强，但自强的目的未能达成。"自强"未遂，"求富"继之，企图以商战"稍分洋人之利"，但仍以失败告终。眼界更为开阔的维新人士，跳出了"器物"的窠臼，认为国家制度的改变才是救亡之道。但终因旧势力过于强大和自身的不完备，被"戊戌政变"终结。辛亥革命在某种程度上获得了成功，但并未改变近代中国羸弱的境地。在继续探索救亡之道中，更为先进的中国人终于意识到文化问题、思想问题的重要性，开展了轰轰烈烈的"新文化运动"。"改造国民性"成为新文化运动的首要目标，力图引进西方文化以破除旧思想对国民的羁绊。这一思想解放运动总体上是成功的，虽无法避免时代的局限，使得"言必称希腊"语必及西人成为一种思维方式；新文化运动在很大程度上使"民智开化"，各种新思想涌入国人心中。在这一漫长、痛苦的民族探索进程中，中国人历经文化自大、文化自卑到文化自省。文化自省是对文化自大的纠正，也是对文化自卑的理性反思，同时文化自省也为文化自信提供了广阔的思想土壤。中国人意识到自身文化不可恣意抛弃，西方文化也并非金科玉律，对于自身文化的重新审视和认同是实现文化救国的正确道路。

中国共产党人汲取优秀传统文化，形成革命文化和社会主义先进文化的过程也是文化自信逐渐增强的过程。同时，文化自信形成和增强的过程，也是中华民族逐渐崛起的过程。文化自信是更广泛的自信，深刻影响到一个民族的方方面面。客观世界不以人的意志为转移，但并不意味着人类面对客观世界无所适从。中华民族的复兴梦想需要巨大的文化自信力。只有文化自信，只有充分发挥文化自信的精神力量，中华民族伟大复兴的中国梦才能更顺利地实现。优秀传统文化中的"天下兴亡，匹夫有责""杀身成仁""舍生取义"的担当和奉献精神；革命文化中的"井冈山精神""长征精神""延安精神"；社会主义先进文化中的"雷锋精神"、"焦裕禄精神"、"两弹一星"精神、"抗震救灾精神"等共同构成了中华民族文化自信的底气。文化自信的广泛且深刻的内涵延续了中华民族五千年的血脉，培育了中华民族自尊、自强的秉性，激励了中华民族同仇敌忾、勠力同心的信心。深厚的文化自信使得中华民族在中国大地上生生不息、中华文明持续发展。一个国家的文化自信程度能够深刻影响这个国家的发展历程。中华民族的国运和国脉并不总是一帆风顺的，中华民族在这片土地上曾创造过领先于世界的文明，对世界产生了重大且积极的影响。中华大地上出现过的分裂与被分裂、反抗与被反抗，从来都是归于"大一统"的进程。近代以来，中华民族饱受欺凌、四分五裂，但最终挺过时代的拷问，重新开始了崛起的进程。深厚的文化自信在风云变幻的世界中给中华民族以无与伦比的定力，使中国焕发新的生机和活力。在新的历史征程上，中华民族找到了符合自身发展实际的道路，形成了先进的理论，确立了完备的制度。

二、文化自信支撑道路自信

影响一个国家或民族走什么样的道路的因素有很多，但文化因素是诸多影响因素里最深刻的一个。中国特色社会主义道路的探索和前进不仅需要马克思主义科学理论的指导，还需要中华民族深厚的文化积淀和文化自信给予支撑。中国特色社会主义道路是中华民族经过艰苦卓绝的奋斗得到的必然结果，是近代以来中国人民的必然选择。中国道路的开辟，使得中国的经济、政治、文化等各项事业取得了快速发展，使得中国模式在全球现代化进程中独树一帜。中国道路是中国共产党领导中国人民争取民族独立、人民解放和实现国家富强过程中逐渐形成的。对于这条来之不易的中国道路的理解、坚持和持续发展，需要更加广阔的视野，即把中国道路深植于中华优秀传统文化、中国革命文化和社会主义先进文化的土壤中去。发掘中华优秀传统文化，在继承中创新、在创新中发展，牢筑中国道路自信的精神根基。中华民族自秦朝以来，就形成了"大一统"的国家格局。历经两千余年的沧海桑田，虽朝代更替、内裂外扰频仍，始终没有离开一统海内的宿命。尤其是近代以来，中华民族面对空前的民族危机，各种救亡图存的努力不曾间断。中国共产党在这样的危急关头诞生，始终努力探求中国归向何处的道路问题。尽管中国共产党在如何对待中国传统文化、如何把马克思主义普遍真理同中华优秀传统文化结合起来的问题上遇到种种困难和曲折，但是深植于中国共产党骨髓里的文化基因成为党在奋斗道路上的精神营养。"大一统"的国家观、"民为重"的人民观等中华优秀传统文化成为中国共产党人的精神脊梁。党的性质、宗旨和纲领无不体现着中华民族共同的理想，因而汇聚成排除万难、气吞山河的巨大力量。正是这种建立在深厚优秀传统文化上的自信力，才使得中国特色社会主义道路自信更加坚定。中国共产党从弱到强与中华民族从危亡到解放的历程交织在党的长期革命斗争中，形成了中国特有的革命文化。中国共产党领导人民在血与火的磨炼中共同不断成长，不怕牺牲、乐于奉献、信念坚定、志存高远，"敢教日月换新天"的精神品格深深融入共产党人血液中，成为中国人民自强不息的新的文化基因。在长期的伟大革命新征程中，形成了"红船精神""井冈山精神""长征精神""延安精神""西柏坡精神"等具有历史和时代内涵又特色鲜明的中国革命文化精神。这凝聚了中国共产党人的精神品格，沉淀了中华民族深刻的精神追求，成为中华民族奋进的精神标识。"我们党已经走过了95年的历程，但我们党要永远保持建党时中国共产党人的奋斗精神，永远保持对人民的赤子之心。"①树立坚定的革命文化自信，坚定不移地将革命文化运用到中华民族伟大复兴的斗争中去，是增强道路自信的题中之义。社会主义先进文化根植于优秀传统文化，直接生成于革命文化，是新民主主义文化在中国特色社会主义实践中的创造性转化和超越性发展。②社会主义先进文化直接作用于当代中国的经济、政治、社会、文化及生态文明等方面，是实现中华民族伟大复兴中国梦的精神引领。社会主义先进文化使中国人的文化自信达到了更高的程度，中国文化也越来越多地走出国门、走向世界，为更多人所认识。中国人心中的文化"贫瘠感"也越来越弱，开始展现出与大国定位相符合的文化心理。具体方面，社会主义先进文化给中国人民带来了实实在在的利益。物质文明、精神文明、生态文明等思维理念不仅成为国策，更深入人心。人民生活水平和精神境界显著提高，生态环境的持续好转更加提升了人民的幸福感。坚定的社会主义先进文化的自信，在实践中突出表现在矢志不渝地走中国特色社会主义道路。文化自信和道路自信从来不是一蹴而就的，需要我们在继承中坚持、在坚持中创新发展，不断利用文化自信的力量坚定走好中国道路。

三、文化自信熔铸理论自信灵魂

中国共产党以马克思主义作为自己的指导思想，并在实践上使马克思主义不断中国化，实质上就是将马克思主义与中国文化相融合的过程。符合时代发展要求和不断满足人民利益诉求的理论成果，都闪耀着中国文化的灵魂。从根本上来说，马克思主义中国化的理论成果可以归

---

① 习近平. 习近平谈治国理政：第2卷［M］. 北京：外文出版社，2014：32.

② 陈永胜，曹雅琴. 试论文化自信的内容谱系、生成逻辑与建构方略［J］. 科学社会主义，2018（05）：42-48.

结为三个层面，即革命理论、建设理论和改革理论。这三个层面的理论随时代的前进而前进，不断汲取中国文化的精髓，不断在谋求中华民族的解放和富强的过程中发展。自鸦片战争至中华人民共和国成立前的历史，是空前黑暗的历史，无论是国家还是人民都在黑暗中苦苦挣扎。中国共产党肩负民族解放的历史责任，必须采用"革命"方式改变近代中国的状况。中国人做事情习惯于"师出有名"，这包含两层意思：一是赢得人民拥护，二是取得一定的指引。中国共产党人的"革命"思想也需要"师出有名"。这体现在两个方面，一是师承列宁主义的"暴力革命"方式，二是延续中国历代王朝更替的"革命"惯性。虽然俄国的暴力革命取得了成功，但中国共产党成立后的相当长一段时间以俄为师的"暴力革命"并没有取得成功。中国的情况就是军阀割据、战乱四起、民不聊生，为了民族的独立和解放，战争是可以选择的唯一方式。中国传统文化，包括历史经验在内，具有鉴古知今的重要价值，是中国共产党可以借鉴的重要思想资源。[1]在政权和人民关系上，中国文化强调"水可载舟亦可覆舟"。发动、团结中国最广大的人民群众，进行一场人民战争，是取得革命胜利的关键。中国自古以来就存在的农耕文化，使得农民对于土地的诉求异常强烈，但现实是农民手中几无土地。在农村开展土地革命满足农民的土地诉求，成为中国革命的基本内容，由此形成了新民主主义革命的基本内容。中华文化和马克思主义革命文化深度融入中国革命理论中，成为了中国革命理论的灵魂所在。久经战乱的中国，国家面貌和人民生活仍然需要中国共产党继续进行一场新的"革命"。中国传统文化里的"仁民""爱民""存民""民惟邦本，本固邦宁"等思想与共产主义倡导的"人的自由全面发展"理论共同筑起了中

---

① 黄延敏. 黄土与红旗：延安时期中国共产党与传统文化研究 [M]. 北京：学习出版社，2014：29.

国共产党建设新国家的全部意义所在，即不断满足人民日益增长的物质文化需要。虽然在建设新国家过程中出现急于求成等这样那样的曲折，但全心全意为人民服务的初心始终没有改变。经过数十年艰苦卓绝的不懈奋斗，国家面貌和人民面貌得到了相当程度的改善。在国家层面上，基本建立起了完整的工业体系，国防尖端科学取得突破；人民生活上，人均寿命显著提高，医疗卫生教育得到很大发展。并且，涌现出"焦裕禄精神""大庆精神""雷锋精神"等与中华优秀传统文化相得益彰的奋斗精神。纵观中国历史，变与不变相互交织。《易经》有"穷则变，变则通，通则久"，这一年代久远的朴素辩证法对20世纪70年代中国的意义在于"改变"关乎国家前途和人民命运。经过数十年的改革开放，国家和人民的面貌展现出前所未有的改变，并且距中华民族伟大复兴的梦想前所未有地接近。改革开放理论的成功不仅回应了变与不变之道，更重要的意义在于其增强了中国人民对于改革理论的自信心，为我国在改革之路上继续前进提供了民意支撑。

四、文化自信筑牢制度自信根基

中华文明历久弥新，但在近代遭受到了来自内部和外部的严峻挑战。这样一个古老的文明，如不能在价值系统、社会结构和生活方式上发生创造性的转变，则很难在现代化的时代进程中保持繁荣。从横向对比来看，如果这些创造性的转变离开了原有的文化轨迹，则又断然难以取得成功。众多在现代化浪潮中仅建立起符合现代化规则的制度，而抛弃了原有的文化内核的国家，最终还是走向了国家治理的失败。"每个国家都有它自己的社会制度和内在精神。"①制度和文化是融为一体而又

① ［德］马克斯·韦伯. 新教伦理与资本主义精神［M］. 于晓，陈维纲，等译. 上海：上海三联书店，1987：114.

不能相互独立存在的，否则制度的设立将变得毫无意义。中国历来崇尚伦理道德精神带来的约束力，但努力进行现代化的中国，必须将传统伦理道德的精神以制度的形式确立下来，才能解决近代以来强烈的制度忧患。中国共产党自成立起，尤其是改革开放后，将制度建设视为事关全局的重大问题，逐步建立起涵盖政治、经济、社会等各方面既符合现代化国家治理的要求又契合中华优秀传统文化精髓要求的社会主义制度。中国共产党对中国文化传统的深刻自信表现为其强调制度的内生性，而不是照抄照搬其他国家的现有制度；注重从历史文化和革命传统中获取制度智慧和学习对象，中华民族文化自信精神成为我们国家制度自信的根源。在中华民族璀璨的历史文化中，政治文化独树一帜，在整个文化构成中占有极其重要的地位。政治文化的制度化，构成了历代封建王朝的核心内容。"天""地""人"的结合成为中华民族普遍认同的政治理想的道路，即权力的来源、制度的承袭和民心的向背。三者皆备，才能构筑起合法稳定的政治秩序。文化传统需要继承，需要借鉴，更需要创造性运用。以传统文化中的"大一统"为精神起点，借鉴吸收苏俄的"苏维埃"体制，中国共产党带领人民进行长期的革命斗争，以革命的方式取得政权，并逐步建立起了中国特色社会主义的政治制度，即人民民主专政的国体、人民代表大会制度、中国共产党领导的多党合作和政治协商制度以及民族区域自治制度，这从根本上保障了社会公正和人民当家作主的权利。这些政治制度的建立，打上了中华文化精髓的烙印，又借鉴了外国的先进理念。坚定的制度自信来自对优秀文化的自信，反之则会抹去人民内心深处的文化记忆，对政治制度的自信必然出现裂痕。20世纪八九十年代发生的东欧剧变和苏联解体，是值得我们尤为警惕的。政治制度在一个国家中处于统领地位，而经济与社会制度则是实现政治理想的载体，即政治制度的本质、理念、初衷要通过经济和社会制度加以落实。在从传统社会到现代性国家转变过程中的变与不变，深刻表现在制度虽不断变换，但隐藏在制度里的文化精髓从未改变。中国共产党人创立中国特色社会主义制度的根本动因可以归结为三个方面："第一是看国家的政局是否稳定；第二是看能否增进人民的团结，改善人民的生活；第三是看生产力能否得到持续发展。"①纵览世界其他后发展国家的现代化进程，全部符合这三条标准的凤毛麟角。作为鲜明对比，在中国特色社会主义制度的作用下，中国的政局足够稳定，民族团结有增无减，生产力水平更是显著提升。在中华优秀传统文化、革命文化和社会主义先进文化精髓的指引下，中华民族伟大复兴不仅忠于中国的过去，而且还将服务于中国的未来。

对于自身文化的自信，决定着一个国家和民族的发展底蕴。当前及今后一个相当长的时期内，全球化的步伐不会停止。除经济和政治领域的全球化给世界各国带来的挑战外，文化领域的全球化所带来的影响可能更加深刻，但又会十分隐蔽。虽然每个民族的文化都有其不可替代性和独创性，但文化全球化不再是个伪命题。19世纪40年代以前的中国人在思想上并无所谓的"文化危机"或"文化安全"问题，但时代的变迁，改变了这一切。以辩证唯物主义的观点来看，文化安全问题一直存在，不论是过去、现在还是将来。如何确保文化安全以及延续文化自信是讨论的关键所在。守护好自身优秀文化，确保中华文化在多元的世界文化中占有一席之地是最低要求。调整好中华文化走出去的姿态，向世界发出中国声音的同时，为世界贡献中国智慧则是更高的文化追求和需要。中华民族伟大复兴离不开文化自信的有力保障和支撑，以及文化自信赋予中国道路、中国理论和中国制度的自信。但文化自信不是固步自封，不是盲目自大，要在不断发掘和借鉴的基础上改革创新，为道路自信、理论自信和制度自信增添更加厚重的底色。与此相对应的，我们必

---

① 邓小平文选：第3卷 [M]. 北京：人民出版社，1993：226.

须善于发现并自觉抵制危害文化安全的行径。现代社会是一个信息丰富而又十分庞杂、获取信息的途径极为便捷的社会，维护国家的文化安全是一个十分艰巨又紧迫的任务。

第二章
中华优秀传统文化的内涵与价值

中华优秀传统文化是中华民族的精神命脉，积淀着最深沉的精神追求，蕴含着丰富的哲学思想、人文精神和道德理念。本章系统阐述中华优秀传统文化的相关界定，挖掘中华优秀传统文化的基本精神，剖析中华优秀传统文化的特征表现，揭示其在文化传承创新、民族精神培育以及当代文明建设中的重要价值，为坚定文化自信提供深厚的历史支撑和理论依据。

第一节　中华优秀传统文化的相关界定

一、传统文化

（一）传统文化的界定及特征

传统文化是一个民族在历史中形成、积淀的，带有鲜明个性特征和稳定性特征的精神文明形态、物质文明形态和行为文明形态。

所谓个性特征，是指传统文化的民族性。一个民族总是生活在一个特定的生存环境和实践环境中的，这种在具体环境中形成的具有独特个性的价值立场与行为范式就是传统文化的个性特征。

所谓稳定性特征，是指传统文化的文化立场。传统文化有其形成的条件、基础，也有其固有的价值认同和文化立场，这种凝聚着广大社会成员的情感意志，具有强大社会整合功能和排异功能，代代相传、绵延不已的文化立场就是传统文化的稳定性。

（二）传统文化的本质

第一，传统文化是人类社会发展的遗传基因。社会作为人类文化现象的产物，总是基于某个精神元点与价值逻辑的，其深层结构要素总是与其历史渊源有着传承和因果关系。因此，传统文化是人类社会的遗传基因，没有传统文化，也就没有现实社会。既然现实社会是传统文化的基因延续，传统文化就应该是规范现实社会合理发展的最终准则，否则，社会的畸形发展或崩溃将不可避免。由此可见，继承、发扬优秀传统文化，就是传承人类文明的基因，保证人类社会良性发展。

第二，传统文化是一个民族存在的根基。一个民族的文化品质，是在文化传承中确立的。丧失文化传统，也就意味着一个民族的退场。所以，坚持传统文化，就是坚持民族的独特品格和民族的未来。

第三，传统文化是人的终极身份证。人的社会属性来源于文化属性，文化属性是人的最高属性。因此，传统文化是人这个社会动物的元价值和终极身份证。对传统文化的继承与弘扬，其实是人对自我身份的肯定。

二、中华优秀传统文化的内涵

细致分析中华优秀传统文化，可将其分解为四个词，即中华、优秀、传统、文化。将这四个关键词逐一破解，便可对中华优秀传统文化的概念一目了然。

首先，中华。"中"，意居四方之中央；"华"，本意指光彩辉耀，用于族名，蕴含文明发达之意。"'中华'意谓居于中央的文化昌明的民族。"最早见于魏晋时期，《晋书·刘乔传》有记载："今边陲无备豫之储，中华有杼轴之困。"在中华优秀传统文化这一概念中，"中华"界定了优秀传统文化的地域性和民族性，这也是所有文化类型所共有的重要属性之一。长江、黄河流域一般被认为是中国的发源地，《诗经》中曾这样记载："惠此中国，以绥四方。"可以说，中华民族是创造中华传统文化的主体，是中华传统文化落地生根的本源。其次，优秀。大众意义上所说的优秀，是指（某一人或物）好的、突出的、出色的特质。由于中华传统文化经历了漫长的发展过程，其中必然包含多种多样的文化内容，不可否认的是，由于历史发展过程中出现的诸多问题，传统文化必然存在历史的印记，就使得这些文化内容中，有精华亦有糟粕。再次，传统。意指世代相传、从历史沿传下来的思想、文化、道德、风俗、艺术、制度以及行为方式等，对人们的社会行为有无形的影响和控制作用。最后，文化。这一关键词在上文中已有详细阐述，在此不做赘述。

综上四个关键词的解析，我们对中华优秀传统文化有了初步了解。但是在学界，对于中华传统文化的概念仍有不同看法。文化是大概念，是各种文化的大融合，连同世界各国传入中国的文化内容均计入中国传统文化范围。中国传统文化是中华民族进入现代社会以前的长期历史发展中形成的传统的文化，对人们的思想行为起着规范作用的观念、价值和知识的体系，是在中国历史上具有一种稳定结构的共同精神、心理状态、思维方式和价值取向。本书所研究的中华优秀传统文化也是基于中国传统文化这一大的文化体系而精选出"传统文化中的优秀成分"来进行研究和剖析。文中所述的中华优秀传统文化主要立足于以儒家文化为核心的、兼具其他各家文化精华内容的传统文化，并重点从理论层面进行论述。

第二节　中华优秀传统文化的基本精神

"精神"，有"宗旨"之意，文化精神可以理解为渗透于文化之中的主旨或主导思想。任何一种文化在其漫长的历史发展过程中，不同程度地积淀了自身特质，形成了具有各自特点的主导价值或基本精神，中华优秀传统文化当然也不例外。中华优秀传统文化是中华民族在长期社会实践和中国历代伟大思想家的概括、提炼中交融、汇聚、会通、更新的，形成了独立于世界民族之林的基本精神和主导趋向。中华优秀传统文化不仅在形式上具有多样性，而且有着独特的气质和丰富的内涵，就其基本精神来说，可以概括为："天人合一""自强不息""重民本""和合与中"。

一、天人合一

"天人合一"思想认为，自然与人是统一的整体，故自然界和人的发展是相互影响和相互作用的结果，二者有机统一、不可分割，人应该遵循自然规律、把握自然规律，适当调整并规范自己的实践活动。"天人合一"思想的形成是有其根源所在的：一方面，"农业型"文化是这一思想形成的现实土壤，最主要的体现在农业的播种时间上，如果顺应自然规律，按时播种、耕作和收获，便可以解决温饱问题，反之则难以生存；另一方面，由于当时的科学还没有发展到能够完全解释和说明一些自然现象的程度，人们对于一些问题存在疑惑，此时，"天人合一"思想充当了这样一个角色，即补充科学所不能解释的问题。这些解释不尽完善甚至有非科学的成分，但是对当时人们的帮助却是巨大的。我们一方面要相信科学和人类理性的力量，另一方面又要对人类认识和改造世界的活动进行深刻的反思，特别是要纠正那种把人看作是"自然的主人"，认为自然资源可以任人无限制地开发、利用、征服、掠夺的人类中心主义，树立人与自然相互依存、和谐共生、协调发展的生态文明观。

二、重民本

与"天人合一"联系最为密切的另一基本精神就是"重民本"了，中华优秀传统文化极富人文精神，在中华传统文化中，这一精神最直接的反应就是"重视民本"，"水能载舟，亦能覆舟""民为邦本，本固邦宁"等一系列论述都是这一基本精神的具体体现。以民为本具有悠久的历史和重要的价值。所谓民本，就是指民众与君主的关系犹如根与树的关系，百姓就是树根，国家就是树干，君主只是树枝。国家只有得到民众的支持才能稳定，君主的权力只有得到百姓的拥护才能巩固。民本的思想发源可回溯殷周时期，"施实德于民""国将兴，听于民；将亡，听于神"，等等。民本思想在儒家学说中占有重要地位，是儒家政治理论的基础。孔子主张富民、教民；孟子提倡民为贵，社稷次之，君为轻；荀子将君民关系比作"水"与"舟"的关系；道家、法家、墨家等各家都对民本思想进行了深入探索。另外，中华传统文化的"重民本"思想具有丰富的道德伦理内涵，这也是能够与西方人本思想相区分的关键所在。道德完善是人的优秀品质，同时使人固守自己的心性天地，生活因由道德心性的良好自制而井然有序，社会也因这些具有良好心性的楷模而变得淳朴和谐、彬彬有礼。

三、自强不息

在漫长的历史发展进程中，我们通过改造自然、改造社会，积累了丰富的历史经验，加之先哲们关于自强不息的可能性、必要性和基本原则的探索成果，我们将这些融入这一命题之中，使之成为中华民族求生存、求发展的经验与智慧的高度概括。自强不息的精神早在先秦时期就已经被人们知晓，但是在后来的历史发展阶段中，实践却总是与这一精神的内在要求发生偏离。众所周知，封建社会时期历朝历代的统治阶级的共同特点就是要尽最大努力维护自己的统治地位，这样一来，封建社会后期"重文轻武"的思想逐渐形成。加之"农业型"文化的影响，国民普遍存在忍让、服从的心理，"自强不息"精神严重缺乏；特别到了两宋时期，我们国家的文化得到了繁荣发展，但是文化中似乎缺乏了一些"刚性"精神；清朝社会的很多史料更是反映了当时的国民木讷、麻木、一味顺从的态度。漫长的历史发展进程中，"自强不息"的精神或多或少被个体主观弱化了，但却始终存在。而今天，更需要这种"自强不息"的传统文化精神的引领，这一精神内在要求我们躬身践行、提升道德层次，通过自身生生不息的不懈努力而发展起来的"强"，只有这种将侧重点放在与自己过去相比较的"历时态"的"强"，才更有利于和谐发展。通过强有力的教育机制，将这种文化精神付诸教育实践，使人人都具有自强的精神，才能够为实现中华民族伟大复兴提供不竭的精神动力。自强不息是中华传统文化几千年来形成的基本精神之一，引领无数中华儿女奋斗在自己的人生道路上，为实现中华民族伟大复兴贡献力量。

四、和合与中

"和合"即和谐；中，即"中庸"。中国古代圣贤从大自然本身的和谐、人自身的和谐、人与自然的和谐、人与社会的和谐等不同方面阐述"和"的含义，肯定了和谐所具有的价值，并探索了达到和谐的种种方法。"礼之用，和为贵。先王之道，斯为美，小大由之。"等古语都是在阐述"和谐"是万物的生存基础和最佳状态。中庸之道是中华传统文化所提倡的待人处世之准则。"中庸之为德也，其至矣乎！民鲜久矣。"从孔子的论述中不难看出，中庸就是做人做事要有一定的尺度和分寸，不钻牛角尖、不走极端。"中庸之道的真谛在于坚守中正，寻求适度，不偏不倚，无过而无不及。"①在中庸之道的引领下，中华传统文化有了自身独特的韵味——和而不同。和而不同就是将"和合"与"中庸"这二者进行有机统一而形成的思想，旨在和谐，但不强求他人对自己的认同。君子和而不同，小人同而不和。这是强调在对待事物的态度方面，君子与小人的不同。心胸宽广容万物，心胸狭隘斥所有。君子能够对他人的态度和观点保留自己的意见，但不否认他人的思想，即使意见存在偏差，也能和谐相处。人与人之间的和谐是社会和谐的基础和保障，在"和"文化根深蒂固的中国社会，"和合与中"的基本精神对于当今社会的发展同样具有积极意义。

第三节　中华优秀传统文化的特征表现

一、中华传统文化的统一性与多样性

区别于西方文化追求个性，中华传统文化表现出一定的统一性，这种统一性在汉武帝推行"罢黜百家，独尊儒术"政策后达到极致，除此之外，中华传统文化还表现出多样性的特点，具体体现在以下三方面：

---

① 宋玉静. 中华优秀传统文化主要内容及其当代价值 [J]. 沈阳农业大学学报（社会科学版），2018（01）：107—110.

（一）中华传统文化内容的统一性和多样化

涉及经济、文化、社会等多个领域，同时也包含对自然万物的探讨，中华传统文化博大精深、源远流长，在其发展过程中，有精髓，也有糟粕，中华传统文化的精髓是全世界的共同财富，其存在的合理性不容置疑，是中华传统文化文明和精神的集中体现。

（二）中华传统文化学术派别的统一性和多样化

春秋战国时期出现了百家争鸣现象，不同学派不断涌现，最具代表性的有儒家、墨家、道家、法家，此外阴阳家、兵家以及名家等也属于诸子百家，在长期的发展过程中，各学派之间相互融合、相互衍化，到汉武帝时期，随着社会局面的变动，中华传统文化最终形成了以儒家为主导，多家学说并存互补的局面。

（三）中华传统文化层面的统一性和多样化

哲学、宗教、文学艺术以及道德伦理等都是中华传统文化中人文价值的集中体现，涉及多领域的探讨，因此不能仅从单一的领域来分析中华传统文化的价值内涵，正确理解中华传统文化的特点，要多层次、多方面挖掘中华传统文化的当代意义，并为传承和弘扬中国优秀文化贡献自身的力量。

二、中华传统文化的连续性与变革性

从中华文明发展历史进程中可以看出，中华传统文化是全世界唯一具有连续性发展特征的文化类型，从远古时期、夏商周时期、春秋战国时期等社会变革的不同阶段都可以看到中华传统文化的发展和变革，特别是在春秋战国时期，百家争鸣，各学派不断涌现，各学派之间出现了争芳斗艳的局面，不同学派之间存在分歧和对立，这个时期的文化思想奠定了整个封建时代的文化基础，形成了中华传统文化的基本精神，对中国古代文化有着非常深刻的影响，在漫长的发展和积淀过程中，中华传统文化的生命延续力和时光穿透力是世界史上绝无仅有的。

除此之外，中华传统文化还具有变革性，中华传统文化的发展特点是在传统的基础上不断变革创新，因此传统文化中的传统区别于守旧，人们应正确理解这一概念，并在研究中不断发掘中华传统文化的现代意义，为传承中华优秀传统文化服务。

三、中华传统文化的独立性与融通性

独立性是中华传统文化的一大特色，其作为一种本土文化，不仅在语言、制度、文学等方面形成了自己独特的体系，同时在医学、戏曲、书画等多个领域也呈现出自己独特的民族气质，汉字语义和语音体系的创建使国人拥有了自己的沟通和交流方式，典章制度、礼仪民俗的形成为华夏民族的形象建立奠定了基础，这些各具特色、各领风骚的艺术都彰显了中华传统文化的独有魅力。

在中华传统文化的发展过程中，并不是闭门造车，而是汲取外来文化的精髓，并将其本土化之后作为本民族文化的一部分，这就体现了中华传统文化的融通性。融通性并不是一味地吸纳外来文化，而是在保持中华文化主体性的基础上，选择性地吸收外来文化的优秀内容，不断地为中华传统文化的发展注入活力。

第四节　中华优秀传统文化的当代价值

一、中华优秀传统文化的时代意义

"中华优秀传统文化内涵有我们民族最深厚的民族基因和最持久的发展动力，是培育国民家国情怀的最重要思想载体，是当下及今后塑造

优秀国民的最根本文化依托。"①中华优秀传统文化的时代意义表现在以下方面：

（一）有助于坚定全国人民的理想信念，实现复兴

中国特色社会主义是当代中国发展的主要追求方向，人们要始终遵循这个思想追求，为了理想进行不懈的努力，就能扩大中华发展的空间。在此，对于理想的来源含义等方面进行简单的了解，弄清楚理想的基本含义。中国特色社会主义有着广泛的现实基础和深厚的历史渊源，它立足于中华文化，是中国人民意志的反映，符合中国和时代发展进步的要求。中华优秀传统文化是中国特色社会主义文化发展的根本因素，它为中国特色社会主义文化提供继承及发展的基础，成为中国社会主义发展道路的探索依据，推动中国化发展道路的形成。国家精神或民族精神的辩证法构成世界历史的本质。一个民族或国家独特的文化传统，是该民族或国家闻名于世界民族之林的主要因素。简而言之，只有一个民族或国家具有优秀的文化传统及民族精神，方能引领世界发展。这得益于优秀民族精神和文化传统的凝聚及助推作用，使得时代发展特征和博大精深的中华优秀传统文化进行紧密结合，为中国增添文化发展的动力。中华民族实现伟大的发展征程，既要反映中国的发展，同时也要继承中国悠久的中华文化。弘扬中华优秀传统文化对于人们坚定中国特色社会主义的共同理想，对于实现中华民族伟大复兴，有着特别重大的意义。因此，对优秀传统文化应当积极传承，将新的文化发展动力引入中国的文化发展中，确保中华文化朝着繁荣方向发展。

（二）有助于强化公民道德建设，增强民族凝聚力

中华文化发展的最高层次的精神追求方向是道德。道德对于整个社

---

① 蔡玉波，李光胜.论中华优秀传统文化时代化［J］.成都工业学院学报，2021，24（3）：106–109.

会的发展都具有不可替代的作用，对于社会文化的发展起着基础性作用。道德行为建设与个人的发展息息相关。道德的发展立足于日常的生活之中，体现在个人的为人处世方面。

中华文化的精髓在于中华传统美德，这种美德通常富有丰富的思想道德资源，可从人的理想追求和个人修养得到具体体现，其主张的核心观点是"修齐治平"。所谓"大学之道，在明明德，在亲民，在止于至善"，"物格而后知至，知至而后意诚，意诚而后心正，心正而后身修，身修而后家齐，家齐而后国治，国治而后天下平"（《礼记·大学》），则是经典表达。

在中华传统文化的发展之中，追求积极向上的发展心态，将经久不衰的中华传统美德落实到具体的实际之中，重点关注天下大同的核心思想，建设大同社会，实现整体的理想发展状态。中华传统美德培养了中华民族伟大的品德建设，提升了中国整体的文化发展创造力。所以，中国的文化在完善的过程之中虽然遇到了很大的发展阻力，但是其所形成的高尚的人文主义思想的发展对于社会的发展起到了积极的作用。

中华优秀传统文化作为人们共同的文化历史和精神，不仅有利于整个民族文化认同的形成，更有利于形成强大的向心力和凝聚力。中华民族历经沧桑岁月，仍始终紧紧凝聚在一起，离不开中华民族共同培育的道德基础、民族精神、时代精神。当今时代，为实现全体人民所追求的"国家富强、民族振兴、人民幸福"的中国梦，应当铸造民族魂，凝聚庞大的正能量。在中国特色社会主义道路不断得到发展的当今社会，注重道德素养的培养，增强中华文化发展的动力，文化建设就是关键的环节和手段。所以，发展中国的优秀文化建设，强化中国的文化发展道路以及培育现代社会主义核心价值观建设对于中国的发展而言十分重要。

（三）增强文化自信，应对国际竞争

世界上所有的文化都是平等的，都是整个世界文化的建设者和推动力量。中华优秀传统文化承载着伟大民族精神和优良道德传统，凝聚着中华民族五千多年文明智慧，是中华民族最基本的元素和最珍贵的结晶，是中华文明历经沧桑而积淀下来的精华。核心价值观是中华文化结构体系的精髓及枢纽。正是因为一代又一代人创造的核心价值观和价值体系，符合社会发展趋势，形成民族繁衍生息的精神家园，才使得中华民族在数千年发展中繁荣昌盛。但是离开了传统民族文化，整个文化建设就如无源之水、无本之木。因此，在今后的文化建设中，一方面，人们要积极树立文化自信，认真学习和了解中华民族优秀传统文化。从实际情况来看，社会成员对本民族文化认知的缺乏在很大程度上导致了文化的不自信。另一方面，还要选择性地学习和借鉴外来民族文化，推动民族文化的繁荣发展。在当今世界激烈的国际竞争中，文化作为一个国家的软实力，其影响力和作用越来越显著。对此，人们既要积极推动中国特色社会主义文化的繁荣，充分发扬本民族文化的优势和特长，在世界舞台上展示中华民族的内涵和魅力，又要选择性地学习和借鉴其他文化。

二、中华优秀传统文化的价值功能

（一）构建与整合功能

宏观安排社会整体秩序，需要借助文化展开制度及价值观念的设计，使得社会成员朝着预期方向及设定的路径推进，从而确保个人、社会及国家三者处于和谐状态，并推动国家实现社会性及阶段性的良性发展。在这一过程中，不仅需要正确看待历史及国家的历史定位，还需要认识到现代及传统、理想及现实、重大事件的态度，设定国家及民族命运、把握未来理想等。以主流价值观和思想为主，既要整合各民族不同文化价值及思想，又要整合每个历史阶段各种价值观及主流文化，从而逐渐形成一个统一的有机融合文化体系。在历史发展历程中，这体现的是优秀传统文化的又一功能。

历经千年的中华传统文化，在不断的孕育、形成及发展中，已经处于一个多元化的格局。在一个区域内，优秀传统文化的创作过程离不开多个民族、地区中劳动人民劳作的成果，这造成文化的多元性。民间文化、官方文化、大众文化及精英文化是依据不同的文化阶层而做的划分；主流文化、非主流文化则是依据文化地位而做的划分；西域文化、江浙文化、中原文化等是依据文化地域所做的划分；儒、释、道等则是依据文化流派所做的划分。以上各种文化类型，均是在数千年传统文化发展过程中出现的类型，彼此相辅相成，最终汇聚成如今辉煌灿烂的传统文化。

循着中华传统文化发展的轨迹，可将文化发展分为三个过程：①以华夏文化为主的夏商时期，整合东夷和苗蛮文化；②将"礼"作为文化核心的两周时期，整合及互动各派文化；③以"外儒里法"为主的派别的秦汉至清末时期，融合学术统一的价值整合，尤其整合秦汉时期文化，是中华传统文化的格局基本定型的标志。各种类型文化单元在整个传统文化的演进历程中，为了维系封建社会秩序，在农耕经济的宗法制文化基因的基础上，采用宗法制来完成，以此影响各种形式的文化单元，从而深度整合各区域、民族和派别的文化社会心理基础，在夏商到西周的历史进程得到定型。直到春秋战国时期，兵荒马乱中兴起诸子百家，当时创造文化的目的是"救时之弊"，"百家争鸣"的文化盛事便是在此时引起轰动。后来到秦统一六国，国家逐渐从文化及经济制度方面统一政策，实现"车同轨""书同文""行同伦"。最后到汉代，儒家的独尊地位得益于汉武帝及董仲舒提出的"罢黜百家"，将儒学奉为正统的学术研究，集合百家理论学说，以此构建起儒家文化为主流的价值观。在保持原有单元文化个性的同时，体现出中华民族文化的整体共性，使得各文化单元处于相互整合、相互包容、相互渗透、相互影响的关系中，塑造出中华优秀传统文化的宽容、广博、务实的整体面貌。

（二）教化与培育功能

在古代社会中，传统文化对人的精神起着熏陶、教化等作用，让主流价值观更具社会性，以此使得社会生活符合人情义理，保持个人与国家同步，从而实现人的德性的培养、心灵的塑造、家国的和谐和社会的稳定。关于教育的目的及作用，孟子从"性善论""施仁政"两个方面进行强调。其中"得民心"便是孟子赋予教育的作用，并将其作为教育的有效措施。关于"重德"的教育传统，则是由扬雄继承和发扬。在他的论断中，君子学习的目的是"道德修养"，所谓"学者，所以求为君子也"。关于伦理道德的论断，韩愈重视儒家道统教育，他提出"明先王之教"的观点，推崇学习伦理道德、儒家经典。其持有的教育目的是"仁义道德"，为此提出"明乎人伦，本乎人生"的论断，强调做人的根本是伦理道德。到北宋年间，将伦理道德放置于教育首位的是著名文学家、教育家张载，他强调教育应以"明善为本"，并明确提出"德薄者终学不成"的理念。

中华优秀传统文化的一个重要功能体现在以"明人伦"为主体的教育思想，对道德教育极为重视。不同时期的人们都会受到德育思想的影响。在世界文化中，中华民族的道德伦理已成为一道独特的风景。人们在传承中华优秀传统文化的过程中，应该重视道德教育思想观念，并将其不断地传承及延续下去。对于从事教育工作的人，应当将塑造健全人格作为根本任务，从自身做起，消除"人师"与"经师"教育与教学之间的隔阂，统一教育、美育及体育，使其回归教育根本。比如教师在教学过程中应当融合传统文化教育活动，帮助学生认识图像之美，欣赏数学的简洁之美，而非只看成绩，忽略品德教育。行之有效的方式是将传统文化教育的教育性功能渗透至每个教学活动环节中。这一目标的实现，需要解决两个问题：①在现实工作及实践中，引入理论学习及道德思考；②对教师的人师品质与"经学"与"人学"相统一。

（三）传承与创新功能

价值观念和文化元素持续不断积淀的过程体现出传统文化的传承与发展，为保持中华传统文化旺盛的生命力，在每一代中华民族成员的代际传承中，均可实现中华民族文化的大繁荣和大发展。纵观整个世界人类发展史，无论世界上哪个国家，不管其在哪个历史时期，全都是以先辈所创造的物质和精神财富为基础。各个时期的思想家在对传统文化精华的探索过程中，都在寻找当代文化与传统文化在内容方面的共通之处，从先贤的思想世界中挖掘出普遍适应价值的内容，以此架构起当前时期需要的思想体系。所以，中华传统文化在不断地继承和创新中，表现出强大的社会整合力及生命力。为了凸显出中华民族基因和血液，人们需在文化发展中，对民族文化做好传承工作，使得民族文化的价值本源和文化根基得到巩固。同时，不断在传承中注入创新元素，使得传统文化在百花齐放中绽放光芒。

（四）认同与归属功能

中华传统文化是民族共同的记忆组成，是民族共同的心理基因，是构成民族的核心要素。文化认同对于大多数人来说是最有意义的东西。文化认同是民族共同体繁衍不息的精神根本，是民族全体成员共同的心理基因。文化认同的关键因素是价值本源、心理意识等，这也说明，决定整个民族凝聚力大小的关键因素是优秀传统文化。得出以上结论的主要原因在于全民族共同的社会记忆，需通过价值整合、过滤及心理认同来形成，构成民族认同感和凝聚力的核心要素便是传统文化。以上核心要素，在长期历史演变历程中，通过一代一代人不断的传承积累，使得民族心理和社会记忆得以延续，最终形成相对稳定的发展模式。价值内核与思想观念相较于制度、礼仪、风俗、习惯等浅层文化，前者更具有内隐潜存、稳定少变的特点。这些已经深入到各民族成员的思想中，牢牢凝聚着中华民族感情，在每个成员心里烙下不可磨灭的印记。经过外界的某些刺激，将会激发这种情感，使得群体之间更为团结，从而大大推进中华优秀传统文化的发展。

（五）个体性功能

实际影响教育对象个体发展的主要因素是传统文化教育个体性功能，该功能在发挥作用时，需借助"个体生存功能、个体发展功能、个体享用功能"三个社会功能来实现。

1. 个体生存功能

虽然约束个体异己的因素主要是道德规范、原则及观念，但是这些因素能够确保个体适应社会性生活，并确保个体得到更好的发展。此外，正是得益于以上因素的社会性，个体才通过社会给予的力量，拥有更为强大的生存能力，从而实现人生目标。

2. 个体发展功能

个体品德结构的发展，通过静动的功能加以促进，从而个体人格得以形成。但需要注意的问题是社会理性需要通过必要的规范学习和价值学习来完成，对道德学习个体的主体性要给予充分尊重。

3. 个体享用功能

个体可通过传统文化教育满足其精神方面的需要，使其把奉献作为获得人生幸福的方式之一，以此提升自己的人生价值，获得身心愉悦，从内心深处感受幸福。个体享用功能将道德教育规则作为教育内容，其中的规则包括一些约束、必然的要求，而从另一个层面可理解为一个智慧的认识。在人际交往中，如何通过"礼"使得教育内容得到更好的呈现，以此取得更好的道德教育效果，这是需要解决的一个问题。

第三章
中华优秀传统文化传承的逻辑理路

中华优秀传统文化的传承发展是一个具有内在规律的历史过程。本章从理论维度系统探讨传统文化传承的内在机理，分析其传承的重要意义，深入阐释中华优秀传统文化传承的要求，阐释传承过程中的机制，揭示传统文化传承与时代发展之间的辩证关系，进而提出新时代推动中华优秀传统文化创新发展的进路。

第一节　中华优秀传统文化传承的意义

中华优秀传统文化几千年来经久不衰，绵延不绝，源于一代又一代中华儿女的责任担当，源于一代又一代中华儿女的奋斗创新，源于一代又一代中华儿女的传承与发展。中华优秀传统文化传承与发展路径，在于制度保障、教育以及教化于心。

一、中华优秀传统文化传承与发展的现状

进入新时代，中华优秀传统文化的传承与发展出现了新的状况，我们面临着中华优秀传统文化传承与发展新的挑战。

（一）中华优秀传统文化的认同感弱化

人们对中华优秀传统文化缺乏认同感。一方面，他们自身接受中华优秀传统文化的意愿不强烈，对弘扬中华民族的优秀文化缺乏发自内心的兴趣，也不愿意去亲身感受；另一方面，由于承载中华优秀传统文化的场域一度过于形式化，他们认为参观承载中华优秀传统文化的场域就是在完成任务，而不是从内心真正接受和学习承载中华优秀传统文化的场域所传达的文化理念。在他们看来，承载中华优秀传统文化的场域的参观就是"拍照片""听报告""写体会"的一套形式化程序，并且无形中增加了他们的任务量，占用了他们的时间。

（二）中华优秀传统文化保护制度缺乏

中华优秀传统文化保护制度在对国内和国外两方面都呈现出薄弱的态势，国家针对文化遗产形成立法，但依据《中华人民共和国非物质文化遗产法》等行政法律、法规来监管的效果并不明显。在国际上，许多中华民族所特有的文化遗传，却被他国抢先申遗，这也是中华优秀传统文化的一种流失，是对中华优秀传统文化传承和发展的一种打击。

（三）中华优秀传统文化教育滞后

教育是一种培养人的社会活动，是传承社会文化的基本途径，广义的教育包括学校教育、家庭教育、社会教育。中国特色社会主义进入新时代，我们面临的环境使我们开始认识到，我们国家的繁荣和民族的振兴，需要中华优秀传统文化的滋养，需要中华优秀传统文化来浇灌，需要中华优秀传统文化来支撑。但是在一段时期以来，中华优秀传统文化的教育处于一种废弛的状态，无论是学校教育中的书法课，家庭教育中对于中华优秀传统文化的交流传承，还是中华优秀传统文化自身的潜移默化的教化影响，都存在问题，这种滞后性是近年来随着对中华优秀传统文化认识的提升才显现出来的。

二、中华优秀传统文化传承与发展的重要性

（一）国家繁荣和民族振兴的精神脊梁

中华优秀传统文化凝聚着几千年来中华民族儿女的智慧，因为有了孔孟学说，我们方知"仁、义、礼、智、信"；因为有了老庄思想，我们方知"无为""逍遥"的乐观处世态度。岁月的长河浩浩荡荡，历史的车轮滚滚向前，我们的国家不断繁荣，这些都离不开中华优秀传统文化的支撑。尽管国家也曾有蒙难之时，但是我们置之死地而后生，终将走向民族的振兴。今日之中国的发展，也在向世人证明我们祖国的强大；今日之中国的强大，来源于中华优秀传统文化这根精神脊梁。

（二）社会稳定发展的精神保护

社会的稳定发展离不开中华优秀传统文化的保驾护航，中华优秀传统文化在无形中对处在社会中的人形成一种道德约束。中华民族几千年来的传统美德"尊老爱幼"在无形中已变成了一种道德约束，在公共场合中，人们总是不自觉地对老人和小孩礼让并加以照顾，这不是法律这种冰冷的准绳能够完全约束的。并且这种道德的约束一经形成，就会深深地烙印在心中，自然而然地变成一种约定俗成，为社会的稳定发展不断蓄力。

（三）人民理想信念树立的精神支柱

中华优秀传统文化向世人传达的崇高思想以及价值追求，表达出中华民族传统美德和革命道德，对世人进行熏陶和感染。中华优秀传统文化犹如一根标尺，使得世人皆以此来塑造自己，丰富自身精神内涵，不断完善自身。《颜氏家训》一书作为中华优秀传统文化的一个代表，详尽地阐明了修身、齐家、处世、做学问等思想，塑造出人的良好道德品质，使人不断完善自身。中华优秀传统文化中，有许多与《颜氏家训》相类似的国学经典，表达着智者的观点，塑造着优秀的中华儿女。

第二节　中华优秀传统文化传承的要求

中国传统文化源远流长，蕴含着丰富的智慧和价值观念。其传承不仅仅是对历史的延续，更是对人类智慧的传承，对民族精神的传承。为了保护、弘扬和发展中国传统文化，我们需要遵循以下总体要求。

一、坚守历史根基，激活传承主体性

传承中国传统文化的首要要求是尊重历史，深入了解和研究古代文化的根源和发展过程。通过对经典文献、古代文化遗产的深入研究，我们能够更好地理解传统文化的精髓和内涵，从而扎根于传统的土壤中。

中国传统文化传承的总体要求之一是尊重历史，扎根传统，发挥主体积极性。这个要求反映了对中国传统文化的重视和对其传承的原则。

第一，尊重历史是传承中国传统文化的基础。中国拥有悠久的历史和丰富的文化传统，尊重历史意味着对历史文化的珍视和尊重。传承者需要深入研究和了解历史文化的背景、发展和内涵，从历史中获取智慧和启示，以便更好地传承和发展中国传统文化。

第二，体现客体原真性。传承中国传统文化要保持其真实性和原貌，赋予历史情感，并与当代信息融合，真实还原文化。保护文化遗产的物质载体和核心，实现"形神统一"。传承应认清传统文化的现实意义和价值，感知其多维度发展，实现保护、传承、融合和创新。加强研究和编撰工作，普查、保护和共享资源。强调保护为主、抢救第一，合理利用文化遗产。传承精神文化理念，保持其原真性，综合考虑多维文化。让人们了解最真实的历史信息，引领参与，激发活力，实现有价值的传承。克服困难，转化劣势为优势。

第三，扎根传统是传承中国传统文化的重要方式。中国传统文化有着独特的特点和价值观念，传承者需要深入理解和体验这些传统的思想、道德和艺术，扎根于传统文化的土壤中。

第四，发挥主体积极性是传承中国传统文化的重要态度。传承者需要主动参与、积极探索和创新传统文化，将其与现代社会相结合，使传统文化在新的时代条件下焕发出新的活力。这需要传承者具有创新意识和开放心态，通过吸纳外来文化的精华，将其与传统文化相融合，使传统文化保持活力并具有现实意义。

二、弘扬核心价值，培育民族精神

中国传统文化凝聚了深厚的核心价值观，如仁、义、礼、智、信等。传承中国传统文化要求我们积极弘扬这些核心价值观，使其成为我们行为准则和精神追求的指引。通过道德教育、文化活动等方式，培养人们的品德修养，塑造良好的精神风貌。

中国传统文化传承要求我们传承其核心价值观，并塑造精神风貌。核心价值观是指中国传统文化中所体现的智慧、道德、仁爱、和谐等重要价值理念。传承核心价值观是为了引领人们的行为准则和思维方式，培养积极向上的品质和道德观念。

在传承中国传统文化的过程中，我们需要弘扬中华民族的传统美德，如孝顺、友爱、忍让、诚实等，培养社会责任感和公民意识。同时，还应传承中国传统文化中注重和谐与平衡的观念，包括人与自然的和谐、人与人的和谐、人与社会的和谐等，倡导和平共处、互利共赢的价值观。

塑造精神风貌意味着培养健康向上、积极乐观的精神状态。传承中国传统文化需要鼓励人们树立正确的人生观、价值观和世界观，培养勤奋、宽容、乐观向上的精神风貌。这不仅可以提升个人素质，也有助于社会和谐与稳定的发展。

为了实现这一目标，我们可以通过多种途径来传承中国传统文化。例如，加强对传统文化知识的学习和研究，推动相关课程的开设，培养人们对传统文化的认同感和自豪感。同时，通过举办文化活动、传统节日庆祝等形式，让更多人参与到传统文化的传承中来。

总之，传承中国传统文化要求我们传承其核心价值观，塑造精神风貌。这是一个长期而细致的过程，需要全社会的共同努力，让传统文化的智慧和精神在当代焕发出新的活力。

三、创新融合传统，激发文化活力

中国传统文化传承强调创新与传统的有机结合。中国作为一个拥有悠久历史和深厚文化底蕴的国家，一直以来注重传统文化的传承和发展。然而，随着社会的不断变革和全球化的潮流，中国传统文化面临着新的挑战和机遇。在这个背景下，强调创新与传统的有机结合，成为中国传统文化传承的重要路径。

传统文化是一个民族的精神基因和文化根基，具有独特的价值观念、道德规范、审美观念等方面的特点。然而，仅仅固守传统而不加以发展和创新，会使传统文化逐渐丧失其活力和吸引力。因此，中国传统文化的传承必须与时俱进，注重创新。

创新与传统的有机结合并不意味着对传统文化的颠覆或舍弃，而是在传承的基础上进行积极的创新和发展。这种有机结合是一种相互促进的关系，既能够保持传统文化的独特性和根基，又能够赋予其新的内涵和活力。

在中国的传统文化传承中，创新与传统的有机结合体现在多个方面。首先，对传统文化的研究和解读需要与时代的要求相结合。传统文化的经典著作和思想观念需要通过现代化的方式进行诠释和传播，使其与当代社会相契合。其次，在文化创作和艺术表现方面，需要在传统的基础上加入现代元素和创新的表达方式，以吸引年轻一代的关注和参与。此外，传统文化在教育领域的传承也需要与现代教育理念相结合，注重培养学生的创新能力和跨文化交流的能力。

创新与传统的有机结合也可以在传统产业的发展中得到体现。例如，在传统手工艺品制作中，可以引入现代设计理念和技术手段，使传统手工艺品焕发出新的生命力。在旅游业发展中，可以将传统文化元素与现代旅游服务相结合，打造独特的旅游体验。此外，在科技领域的创新中，可以借鉴传统文化的智慧和哲学思想，促进科技创新的跨越式发展。

强调创新与传统的有机结合，既是对传统文化的尊重和保护，也是对时代发展的回应和贡献。在全球化的浪潮中，中国传统文化作为一种独特的文化资源，具有巨大的吸引力和影响力。只有通过创新与传统的有机结合，才能够让中国传统文化在当代社会中焕发出新的活力，实现传统与现代的和谐统一。

总之，中国传统文化的传承强调创新与传统的有机结合。只有在传承的基础上进行创新，才能够让传统文化在时代的洪流中保持生机与活力。通过有机结合，传统文化可以与现代社会相融合，展现出新的魅力和价值，为国家和民族的发展作出更大的贡献。

四、推动多元对话，促进文化互鉴

中国传统文化传承要求注重多元交流与互动。作为一个源远流长的文化体系，中国传统文化蕴含着丰富的思想、价值观和艺术表达，而其传承与发展的关键在于不断促进多元交流与互动，以实现跨文化的对话与融合。

中国传统文化的传承不仅仅是对古代经典和传统习俗的延续，更是一种活的文化现象，需要与当代社会相互交融。传统文化的传承注重与现代价值观和生活方式的对接，通过与当代社会的互动，使传统文化焕发出新的活力和影响力。

多元交流是传承中国传统文化的重要途径之一。这种交流可以在国内展开，促进不同地域、不同民族之间的文化对话与交流。中国拥有丰富的地域文化和民族文化，通过各地的文化节庆、艺术表演、文化遗产展示等活动，可以促进不同文化之间的相互了解与学习，加深对传统文化的认同与理解。

此外，多元交流也需要在国际层面进行。中国传统文化作为世界文化遗产的重要组成部分，具有广泛的国际影响力。通过国际文化交流与合作，可以将中国传统文化与其他国家的文化进行对话与碰撞，实现跨文化的融合与创新。例如，丝绸之路文化的传承与发展，不仅需要内部地区之间的交流互动，也需要与沿线国家的文化交流，促进共同繁荣与发展。

互动是传承中国传统文化的重要方式之一。互动包括师徒制度的传承、社区文化的传承以及现代科技的应用等方面。师徒制度是中国传统文化传承的重要方式，通过师傅传授技艺和知识给徒弟，实现传统技艺和智慧的代代相传。社区文化是中国传统文化传承的基础，通过社区的组织和活动，可以促进居民之间的互动和交流，形成共同的文化认同与价值观念。同时，现代科技的应用也为传统文化的传承提供了新的可能性，例如，通过互联网平台、社交媒体等工具，可以实现传统文化知识的广泛传播和跨时空的互动交流。

多元交流与互动不仅仅是传承中国传统文化的手段，更是推动文化创新与发展的动力。通过多元交流，可以吸收其他文化的优秀元素，为传统文化注入新的活力和创意。通过互动，可以激发青年一代的创造力和参与度，让他们能够更好地理解和传承传统文化，并将其融入当代生活中。

总之，中国传统文化的传承要求注重多元交流与互动。只有通过与不同文化的对话与融合，传统文化才能得到发扬光大。多元交流和互动不仅促进了文化的传承与发展，也为文化创新和社会进步提供了新的动力。通过注重多元交流与互动，中国传统文化将在当代社会中焕发出新的活力和魅力。

五、构建系统教育，深化文化浸润

中国传统文化传承要求加强教育与培养的系统性。作为一种源远流长的文化体系，中国传统文化蕴含着深厚的思想、道德、艺术和价值观念，对于培养人们的文化自信、道德意识和创新能力具有重要意义。为了实现传统文化的传承和发展，必须注重加强教育与培养的系统性，将传统文化融入教育体系中，并为学生提供全面的传统文化学习和培养。

加强教育与培养的系统性意味着传统文化教育应贯穿于教育的各个层次和环节。首先，从学前教育开始，应该注重对儿童的传统文化启蒙。通过儿童歌谣、绘本、游戏等方式，让孩子们初步了解传统文化的基本内涵和价值观念。其次，基础教育阶段应将传统文化教育纳入课程中。例如，在语文课程中，通过学习古代经典文学作品，培养学生的文学素养和审美能力；在历史课程中，通过学习中国古代历史，让学生了解传统文化的渊源和发展过程。同时，还可以设置专门的传统文化课程，深入讲解传统文化的思想、哲学、艺术等方面的内容。

此外，高等教育阶段也应加强对传统文化的教育与培养。在大学和研究机构，应设立相关的传统文化专业或学科，培养专门的传统文化研究人才。通过深入的研究和学术探索，可以进一步挖掘和传承传统文化的精髓和智慧。同时，也应鼓励学生参与传统文化研究和实践活动，如举办学术讲座、展览、演出等，培养学生的研究能力和实践能力。

教育与培养的系统性还需要注重传统文化的实践与体验。传统文化并不只是理论知识，更是一种生活方式和价值观念。通过参与传统文化的实践活动，如书法、音乐、舞蹈、剪纸等艺术形式的学习与创作，可以使学生更加深入地体验和理解传统文化的内涵。同时，鼓励学生参与传统文化的传承与保护活动，如社区文化活动、传统节日庆典等，培养学生的文化自觉和责任感。

加强教育与培养的系统性还需要注重跨学科的整合。传统文化涉及广泛的领域，如历史、文学、艺术、哲学、社会学等。为了全面传承和发展传统文化，各学科之间应加强合作与交流，形成多学科交叉的研究和教学模式。例如，在传统文化课程中引入人文科学、社会科学、自然科学等多学科的内容，使学生能够从多个角度理解和探索传统文化的内涵。

总之，加强教育与培养的系统性是传承中国传统文化的重要路径。通过将传统文化纳入教育体系，并注重实践体验、跨学科整合，可以培养学生对传统文化的热爱与认同，进一步推动传统文化的传承和发展。这样的教育与培养模式能够使学生在全面发展的同时，树立文化自信，拥有创新精神和全球视野，为中华优秀传统文化在当代社会的传承与创新作出贡献。

六、保障可持续传承，平衡保护与发展

中国传统文化传承要求保护与传承的可持续性。作为悠久而宝贵的文化遗产，中国传统文化承载着丰富的智慧、价值观和审美理念，对于塑造国家和民族的身份认同、传统道德伦理的传承以及社会和谐的促进都起着重要作用。为了确保传统文化的延续和发展，必须注重保护与传承的可持续性，即通过有效的措施和策略，使传统文化得以保护并持续地传承下去。

保护传统文化的可持续性需要从多个方面入手。

第一，保护传统文化的物质遗产是至关重要的。物质遗产包括古建筑、文物、艺术品等具体的物质实体。要保护这些遗产，需要加强对古建筑和文物的修缮和保护工作，建立完善的文物保护法律法规，并加强监管和执法力度，防止非法盗掘和破坏。同时，还需要加强文物的科学研究和保护技术的创新，以确保物质遗产的保存和传承。

第二，保护传统文化的非物质遗产也是至关重要的。非物质遗产包括口头传统和表演艺术等无形的文化实践。要保护这些非物质遗产，需要采取多种措施。一方面，要加强对传统技艺的培训和传承，培养一批专业人才和传统艺人；另一方面，要加强对口头传统和表演艺术的记录和研究，建立数据库和档案，确保其传承和发展。此外，还可以通过组织传统文化节庆和展览等活动，提高公众对传统文化的认同和参与度，促进传统文化的传承与弘扬。

第三，传承传统文化的可持续性还需要注重创新与发展。传统文化的传承不是简单地照搬和复制，而是要结合时代的需求和发展，注入新的生命力和创造力。传统文化创新可以包括对传统文化的重新解读、融合其他文化元素、发展新的艺术形式等。通过创新，传统文化能够更好地适应现代社会的需求，吸引更多的人参与和传承。

第四，传承传统文化的可持续性还需要加强政府的支持和社会的参与。政府应加大对传统文化保护与传承的投入，提供专项经费和政策支持，推动传统文化的保护工作。同时，社会各界应加强对传统文化的关注和支持，鼓励公众参与传统文化的传承和弘扬，营造良好的社会氛围。

总之，保护与传承的可持续性是中国传统文化传承的重要任务。通过保护物质和非物质遗产、注重创新与发展、加强政府支持和社会参与，可以确保传统文化得以持续传承下去，并为社会发展和文化繁荣作出积极贡献。只有将传统文化传承的可持续性作为重要目标，我们才能真正保护和传承中国传统文化的丰富精髓，使其在当代社会焕发出新的活力和影响力。

七、拓展国际协作，提升文化影响力

中国传统文化传承要求促进国际交流与合作。作为世界上历史最悠久、内涵最丰富的文化之一，必须积极推动国际交流与合作，与其他国家和文化进行对话与交流，共同促进世界文化的多样性和繁荣。

国际交流与合作可以带来多重利益。

第一，通过与其他国家和文化的交流，可以拓宽传统文化的视野。不同国家和文化拥有独特的历史、传统和文化表达方式，通过与之交流，可以加深对自身文化的理解和认识，发现共通之处和差异之美。同时，也可以从其他文化中汲取经验和启示，为传统文化的传承和创新提供新的思路和方法。

第二，国际交流与合作可以促进传统文化的传播与影响力的扩大。通过与其他国家和地区的交流，可以让更多的人了解和体验中国传统文化，提高其在国际舞台上的知名度和影响力。通过举办文化交流活动、艺术展览、表演等，可以展示中国传统文化的独特魅力，吸引更多人的关注和参与。这不仅有利于传统文化的传承，也为促进文化旅游和文化产业的发展带来机遇。

第三，国际交流与合作也可以促进不同文化之间的互鉴与融合。通过与其他国家和文化的交流，可以发现不同文化之间的共同点和相互补充之处。这种互鉴和融合可以丰富传统文化的内涵，推动传统文化与现代社会的对接和融合。例如，在传统艺术表演中加入现代舞蹈元素，创造出新的艺术形式；将传统文化的哲学思想与现代科技结合，开展创新研究等。这种跨文化的合作与融合不仅有助于传统文化的传承，也为全球文化的多样性和繁荣作出贡献。

为了促进国际交流与合作，有几个关键方面需要重视：①加强外语教育，提高人才的跨文化交流能力。通过学习和掌握多种外语，可以更好地与其他国家和文化进行对话和交流。②加强文化机构和组织的合作与交流。通过建立文化交流平台、开展文化项目合作等，可以促进不同文化之间的交流与合作。同时，也需要加强政府间的合作与支持，提供相应的政策和资金支持，推动国际交流与合作的顺利开展。

总之，中国传统文化传承要求促进国际交流与合作，这对于传统文化的传承和发展具有重要意义。通过国际交流与合作，可以拓宽视野、促进传统文化的传播与影响力扩大、促进不同文化之间的互鉴与融合。同时，也可以为全球文化的多样性和繁荣作出贡献。通过加强教育、机构和政府间的合作与支持，我们可以共同推动传统文化的传承与创新，实现文化的可持续发展。

第三节　中华优秀传统文化传承的机制

文化的传承是一项系统而又复杂的社会工程，在如今社会主义市场经济面临的激烈竞争和构建社会主义和谐社会的前提下，探寻保护我国优秀传统文化的有效途径，显得十分迫切。理论上讲，每个民族的文化都需要一个文化传承的内在机制来充当其自身的保护伞，所以我们要深入研究，建立和健全传统文化的传承体系。

一、文化传承机制的内涵

顾名思义，文化传承就是指如何将我们已有的优秀文化传递给下一代的问题，使我们的文化，无论是个人的还是社会的文化，可以不断地积累并向高层次、高水平发展，一代接一代，延续不断。同时，文化传承也是一个文化不断被继承和超越的过程。

文化传承的机制简单来说可以理解为文化传承的体系，文化以何种方式进行传播、发展，就是说构成文化传承的各个要素。主要包括以下几方面：

第一，利益导向机制。利益导向机制就是指通过某种政策或者措施，影响人们的行为或者决策，把他们引入到既定目标和方向之中。文化的利益导向机制就是政府或者社会通过制定的相关文化政策和规定的激励、引导、束缚，使文化参与主体自觉地按照国家和社会的相关制度参与文化事业和活动。

第二，政策保障机制。文化的政策保障机制就是为了确保文化传承和发展，而制定的相关优惠政策和保障措施，能使其顺利地开展的一个体系。

第三，文化产业化的创新机制。文化产业化的创新机制是指文化创新与市场和人们的需求之间矛盾得以不断展开和解决的一系列动力、规则、程序和制度的复杂系统。这个系统为文化产业创新项目进行方案设计、运行，协调多方力量共同开展文化产业形式和内容的不断创新活动。

第四，现代化的传播机制。文化传承离不开现代化的传播机制的支持，就是指利用目前各种现代化的传播工具，比如互联网、电视、广播等媒介对传统文化进行广泛而有效的宣传的系统。

二、我国优秀传统文化传承机制现状分析

（一）对优秀传统文化传承机制的探索

新中国成立以后，尤其是改革开放以来，我国优秀传统文化在教育、弘扬和传播方面取得了不俗的成绩，也积累了很多经验，在探索文

化传承机制方面也取得了一定进展。

1. 基本形成了由党和政府为主导的领导机制

中国共产党是中国建设一切事业的领导核心，传统文化建设更是离不开我们党和政府的组织领导。在党的正确领导和科学部署下，我国的传统文化事业取得了巨大成就。各级各部门在党中央集中统一领导下，协调配合，经过这些年的探索和研究，基本形成了一套完整的文化建设工作机制，有效地指导着我国的文化事业建设，我国也正朝着文化强国的目标不断前进。

2. 初步形成优秀传统文化的传播机制

中华人民共和国成立以后我国采取了各种措施和方法来传播传统文化，现在已经形成了许多传承、传播方式，除了相关的书籍等文字记载以外，还有配以图像、声音和艺术等多种形式。学校通过各种形式来宣传传统文化，教育下一代的青少年，但主要以传统的灌输为主。

随着科学技术的不断进步，计算机、电视机、电脑和手机的普及程度不断变宽，文化的传播手段更加丰富。现在许多网站有专门介绍传统文化的知识，手机也可以通过网络获取相关传统文化方面的信息。电视更是眼花缭乱，如中央十套的《百家讲坛》栏目就是一档宣传中华优秀传统文化的节目，受到大家的一致赞誉，激起收视高峰，引起了国学热潮。

3. 初步形成了优秀传统文化的教育机制

优秀传统文化的教育主要是针对青少年来说的，他们是国家和民族的希望和未来。优秀传统文化教育要从娃娃抓起。首先体现在学校教育方面，很多学校在小学就开设了思想品德课程，内容大多是古代优秀的思想道德规范，使孩子们从小就受到传统文化的熏陶。教育的方式也是灵活多样，除了一般的教授课本上的东西以外，还有其他的类似诗歌朗诵、传统文化知识竞赛与演讲、参观名胜古迹等等方式来传播我国优秀传统文化，教育下一代。

另外，家庭教育也起到了很好的作用。父母长辈从小就会通过一些小寓言、故事来教育子女尊老爱幼，孝敬父母，兄友弟恭等等，使孩子自觉地受到了传统文化的陶冶，有利于养成良好的品德和性格。

正是经过这些年来的艰苦探索和积极工作，才使得我国的优秀传统文化建设复苏并取得了重大进展。

第一，弘扬和普及优秀传统文化使国民的素质、素养得到很大程度的提高。

近些年来，随着我国国力的不断增强，海外华人和港澳台同胞对提升我国国民素养的不断倡导，以及国内的各种社会矛盾的发生，迫切需要进行思想上的引导。最近几年在国内掀起了一股国学热，比如媒体方面，央视《百家讲坛》开办有关传统文化内容的历史讲座，唤起了社会和民众了解历史和传统文化的热情。"国学热"通过倡导、学习中华优秀传统文化，提升了国民文化素养，对民众尤其是青年和学生起到了积极作用，树立做人标准，培养爱国、爱家、孝道等传统精神素养。

第二，弘扬和普及优秀传统文化增强了民族凝聚力和爱国主义情操。

中华民族是一个具有强大凝聚力和向心力的民族，这很大程度上源于中华民族对传统文化的高度认同，而基于这种认同而产生的精神动力生生不息。民族凝聚力把广大中华儿女紧紧地联系在一起建设中华民族共有的精神家园，同心同德，随时为民族整体利益献身，升华为爱国主义精神，并深深融入中华传统文化的血液之中。归宗炎黄，凝聚华夏，国家兴亡，匹夫有责，爱国爱乡，落叶归根等等，构成了爱国主义的传统精神。

第三，弘扬和普及优秀传统文化增强我国的文化软实力。

中华优秀传统文化，作为中华民族五千年文明史的重要组成部分，历经千年的积淀，塑造了中国人的思想方式、价值体系和生活方式。文化是软实力的重要源泉，而且软实力已经成为衡量一个国家综合国力的重要因素。而文化是一个民族的基因，没有义化作支撑和铺垫，民族就不可能复兴、发达。如今，在全球化时代，我国正通过复兴传统文化的方式，增强国家的文化软实力，使之成为全球竞争中的重要力量。

（二）目前传统文化传承存在的问题及原因

建设优秀传统文化传承体系是一项系统工程，需要从不同方面进行努力。我们要全面认识传统文化，取其精华、去其糟粕；应该强化对优秀传统文化书籍的整理和出版，使传统文化典籍数字化、规范化、标准化，同时加大对少数民族特色文化的进一步发掘力度，做好非物质文化遗产的保护工作等。在建设优秀传统文化传承体系和传承机制方面，我们还有许多问题有待解决。

第一，尚未完善相关传统文化保护的法律、法规建设和政策保护措施。随着时代的发展和进步，尤其是在经济全球化和世界一体化的日益加深，社会主义市场经济体系的不断健全和完善下，使得人们的生活方式发生了翻天覆地的变化，科学技术飞速发展，新型的产业和文化形式层出不穷，持续不断地冲击着传统文化，致使我国的优秀传统文化发展面临着巨大压力，甚至面临失传和消失的境地。加之缺少相关法律和政策的支持和保护，一些传统的民间技艺和文化艺术形式等非物质文化遗产正在不断消失在人们的视野中，一些传统节日和传统民俗文化日益淡出人们的视线，人们对其保护的重要性认识不足，保护意识有待进一步提高。

第二，没有完善的传统文化传承工作机制和管理机制。没有完善的工作机制和管理机制，文化传承就没有办法系统、有效地开展。在市场经济的今天，文化也变得越来越离不开市场。由于缺乏系统的工作机制和有效管理，文化市场秩序混乱，参差不齐。一些文化企业和文化集团

◎ 第三章 中华优秀传统文化传承的逻辑理路

081

为了追求片面的眼前利益，使其过于商业化，完全不顾社会效益，一些传统文化形式和产品，被商家拿来炒作，变成了他们盈利的工具，导致文化品质的急剧下降，使传统文化变了味，低俗化。一些无厘头的恶搞和所谓的"穿越"剧，篡改历史事实，混淆视听，极易误导人们尤其是青少年。正所谓"文化搭台，经济唱戏"，一切为了金钱，致使传统文化庸俗化。上述现象都需要相关部门加强干预和控制，增强管理力度，完善目前的工作机制。

第三，宣传和传播机制不健全，文化的传播品位不断下降。在市场经济的今天，文化的商业化不断加深，加上没有相关文化传播机制的制约和管理，致使一些文化产品的宣传变成了相关人员和部门企业的赚钱工具，严重偏离了注重社会效益的原则和传播优秀传统文化的责任，过度迎合市场，传播过程中文化品位不断下降。一些主流电视媒体，忘记了自己的文化身份，缺乏文化自觉，不能推动文化内容形式、体制机制、传播手段的创新。

所以说，优秀传统文化的传播必须配以健全的传播工作机制，来制约和管理文化传播主体，引导正确的传播形式、内容以及手段。加强和改进新闻舆论工作，把握正确的政治导向、价值导向和稳定导向，创新宣传工作，加强宣传工作的宏观管理和服务，加强和改进舆论监督。另外，真正以弘扬、传播中华优秀传统文化为己任的文化公司、传媒、娱乐公司，都不能忘记自身所承担的社会责任，追求高雅文化，提高传播品位，自觉抵制低俗、庸俗、媚俗的文化。

三、完善我国优秀传统文化传承机制的路径

（一）建立政府主导下的利益导向机制

1. 完善传统文化管理制度，加强政府倡导

优秀传统文化的传承，离不开政府部门大力支持和管理。政府要建

立权威的传统文化管理制度，就要不断强化管理，进行有效的组织和有力领导，把相关工作落到实处，切实履行职责，突出传统文化建设的重要作用。各级各部门应该把这项工作纳入到日常工作日程，做好协调和统筹工作，加大宣传力度，制定相关有利于传统文化发展的法律和规章制度，完善政策利益导向机制。同时，要做好责任分工，明确责任，一定要确保各项传统文化建设工作落到实处。另外，做好监督、检查和预警机制，强化奖惩措施和力度，要始终明确传统文化建设各项工作的进展情况，层层分解，层层把关，完善具体的奖惩方法业绩考核机制，把传统文化建设和发展纳入到领导班子年终考核体系之中，并作为一项衡量领导班子成员相关业绩的主要内容来抓。使各级各部门的积极性能够最大程度地调动起来，共同投身到传统文化建设的大潮中。努力实现党的十八大关于传统文化建设和弘扬传统文化的各项要求、各项任务，实现传统文化建设的奋斗目标和具体任务，大力宣传文化战线涌现出的先进典型，形成全党全社会共同推进传统文化大发展大繁荣的浓厚氛围。

同时，要不断强调建立健全党政统一管理、组织协调、分工负责的工作机制的重要性，争取形成全党、全社会齐抓共管、积极参与的良好工作局面，完善传统文化建设的相关目标责任管理制度，出台具体的工作细则和日常考评办法，加大对传统文化建设进程的监督和考核力度，讲究实效，确保完成党的传统文化建设的各项工作目标。把握传统文化发展的新脉搏，研究传统文化宣传工作的新特点和新规律，并制定新的行之有效的工作办法，切实解决传统文化建设和发展过程中所面临的新问题、新困难。把加强传统文化建设、弘扬优秀传统文化与经济、政治、社会各领域工作一同研究部署、一同组织实施、一同督促检查。

2. 健全传统文化建设工作机制，加强部门协作

建立和完善传统文化工作机制，是实现文化兴国，推进文化大繁荣、大发展，传承中华优秀传统文化的重要保障。要从继承和创新相结

合的角度，加强党和政府的统一部署和领导，各级各部门齐抓共管，互相协调分工，各尽其职、各负其责，从思想上重视传统文化建设，将全社会、全国的力量拧成一股绳，合成一股劲，形成全民参与的工作局面，激发各阶层参与传统文化建设的热情。要根据传统文化发展的具体内在要求来稳步推进传统文化建设工作机制的发展和完善，同心同德，齐心协力共同把我国的传统文化建设推向新高潮。

第一，要求我们的决策机制要完善。在现阶段，我国的各项事业都处在飞速发展的历史机遇期，这就必然要求我们党和政府在新的形势下不断加强和改进工作方式、增强领导和工作水平，进一步深化和加大对文化体制改革工作力度，面对目前我国传统文化事业所遇到的各种困难和新危机，做出关键的、有力的、科学的决策，要以《中共中央关于深化文化体制改革、推动社会主义文化大发展大繁荣若干重大问题的决定》为工作指导，完善文化改革决策制度和程序，建立"决策风险"评估机制，面对关于传统文化建设的重大历史性决策时，要广泛地听取民意，吸取民间、百姓和专家学者等来自大众的声音，采取各种方式向社会敞开胸怀，比如听证会、专家座谈等，要虚心接受各方面和各阶层的意见和建议，主动了解民间关于传统文化建设的各种有益声音，做出符合广大人民群众的决策和决定，切实保障人民群众对重大传统文化建设决策的参与权和知情权，同时要自觉接受党和人民群众的监督，及时反馈，以保证决策的正确性、科学性，促进文化体制改革的顺利进行。

第二，要严格落实责任制。各级各部门在领导传统文化建设的进程中要做到任务清楚、责任明确，深化认识，积极承担起各自相关责任和任务；要进一步加强我党建设社会主义先进文化中的组织、领导、协调以及核心的作用，完善沟通协调机制，增强主动作为的主动性，形成由政府统一指挥，各部门协同分工、互相配合，全党全社会共同参与传统文化建设的工作局面和良好氛围。落实并完善好传统文化建设工作责任制，并将目标责任落实情况纳入干部政绩考核的内容。落实责任追究制度，对于没有按规定完成相关任务的单位和个人，要追究其相关责任。我们要以党的十八大提出的相关任务为中心，积极实践，敢为人先，坚决贯彻落实中央文化建设的各项措施和方案，为我国的传统文化建设多做贡献。

第三，要加强监督机制建设。我国传统文化建设目前存在的问题主要原因之一就是监督管理不够。要加强包括党内互相监督、群众监督和舆论监督在内的监督管理体制建设，为我国传统文化建设提供有力的法律保障和监管措施。人大积极立法，加强法治建设，同时发挥政协以及其他各部门和民主党派、个人、团体的能动性，重视这些个人和团体的批评和意见，鼓励其献言献策，听取他们的建议，尊重他们的监督权并自觉接受监督，确保监督相关部门工作的有效开展，保障各项法律、政策的顺利进行，并得到有效的落实。

第四，要完善社会参与机制。建设中国特色社会主义文化事业离不开社会各阶层、各方面的参与和支持。充分调动广大人民群众和社会力量参与传统文化建设对我国的传统文化建设有着巨大的促进作用。传统文化建设仅仅靠国家和政府是远远不够的，没有社会因素的支持，这项工作很难进行，甚至是寸步难行。因此，我国要鼓励和引导社会资本、社会团体以各种形式参与进来，加强创新和制度化建设，参与文化体制改革，为传统文化大繁荣献计献策，共谋发展大计。

健全传统文化建设工作机制，强化部门间的分工与协调是发展传统文化事业的重要组成部分。必须坚持党的领导，坚持马克思主义基本思想，把持续深化文化体制改革与文化创新紧密结合起来。以科学的手段、严谨的工作态度推动各项文化事业的顺利进行，不断提高领导传统文化建设的本领和工作能力。始终坚持文化发展的成果由广大人民享受这一中心思想，牢固树立为人民服务的思想，为把我国建设成为人民生活幸福、文化事业高度繁荣的社会主义现代化国家做出积极贡献，从而实现优秀传统文化的复兴与繁荣。

（二）切实完善相关的政策保障机制

建立健全优秀传统文化的传承机制，相关的政策法律保障要先行，我们的传统文化传承不仅需要我们个人的重视，还需要国家配以完善的法律和政策来保障实施，为传统文化的不断传播保驾护航。这就需要我们充分发挥主观能动性，制定文化管理政策，科学的管理和开发文化资源，勇于创新，建设一套完整的、科学的传统文化建设保障体系。

1. 加大投入力度和政策扶持力度

优秀传统文化建设是个系统的工程，需要不断注入相关资金投入来支撑，没有资金投入，传统文化建设将寸步难行。我们应该为长远考虑，为子孙后代和国家、民族的兴衰考虑，加大投入力度，合理规划资金的使用支出，完善相关财政和政策保障机制。引导各项资金向传统文化事业和传统文化领域流动，积极拓宽资金来源渠道，提高文化事业的财政支出比重。加大对传统文化产业在土地、财税、价格和投资等方面的扶持、奖励力度，设立专项资金，合理安排年度预算计划，切实保障好传统文化建设的顺利进行。同时，加大对个体企业和其他社会组织投身传统文化建设的鼓励和支持力度，千方百计地筹措资金用以支持传统文化建设领域，加强传统文化政策的开发与创新建设，积极拓展传承体系建设。充分发挥政府职能，从宏观上引导，微观上调节，利用一切手段和方法为传统文化建设铺路，搭建平台，加强国际合作，主动参与国际竞争，保护好弱势企业，防止受到过分的冲击，为其建设良好的政策环境和氛围，从根本上创造有利于传统文化发展的宽松环境。

加强相关法律法规建设，尤其是配置完善的知识产权法以保障传承体系的建设。没有完善的法律体系和良性的法律秩序作支撑和保障，传统文化事业的发展将会成为无本之木，无源之水。因为强化传统文化领域的法律法规建设，通过强调奖惩可以引导文化市场主体的行为，促进其在进行传统文化生产和相关传统文化活动的过程中的合理性与合法化，形成良好的秩序，减少传统文化领域内部与外部的纠纷、摩擦甚至是对立冲突，避免不正当竞争，规范市场行为，最终实现传统文化领域的资源合理配置。坚持改革开放政策，主动引进来一批先进的世界优秀文化产品，积极引导文化企业要大胆地"走出去"，面向全球，在世界范围内进行广泛的文化交流与合作，增强不同文化之间的相互信任和理解，深化文化领域的合作。鼓励、支持有实力的文化企业和优秀文化品牌"走出去"，和国外文化品牌进行竞争，在"走出去"过程中增强中国文化企业和中国传统文化产品在国际市场的核心竞争力，增强我国传统文化的国际影响力。通过立法维护和保障我们国家传统文化免受外部过度冲击，从战略高度切实增强维护国家利益与安全的决心，树立忧患意识，进一步完善法律法规建设，从机制上对我国传统文化进行保护，自觉抵制来自西方资本主义世界不良文化的腐蚀和影响。中华民族在五千年的历史长河中，积累了深厚的文化底蕴，传承了丰富的物质和非物质文化遗产。这些饱含着中华民族伟大的智慧结晶，是我国古人留给后世子孙的宝贵精神财富，也是世界文化史的一颗璀璨明珠，时刻散发着耀眼的光彩。我们每个中国人都有权利和义务去爱护、保护我们的传统文化，使其免受侵蚀，永远传承下去，让更多的人沐浴在中华优秀传统文化的阳光之中。这就需要我们建立完善的法律保障体系，这不仅是我国法治建设的内在要求，与依法治国一脉相承、息息相关，同时也是促进我国传统文化产业发展，为传统文化的健康发展提供保障的重要举措之一。历史表明，世界各国的传统文化发展都离不开法律为其保驾护航，传统文化产业的立法既符合我国经济与社会的发展需求，也顺应了改革开放，实现了加入WTO时对国际社会的承诺，促进了相关知识产权的保护工作不断前进，必将会提高我国文化在国际社会的竞争力。当然，我国传统文化方面的立法还有很多不足和缺陷，比如说我国传统文化层面的立法不够完善，层次低的同时还具有滞后性，这些都关乎我国传统文化的健康发展和传播，亟须解决。

2. 加强基层文化人才队伍建设

传统文化人才的培养与开发与传统文化产业发展相互影响、相互促进。把加强人才队伍建设作为重中之重，发展、壮大传统文化事业，需要大批的专业人才，紧紧围绕文化体制改革加大人才培养力度，完善人才培养体系，做好人才后期培训，把文化人才的培养纳入到传统文化建设的体系之中，作为一项经常性工作来抓，牢固树立"人才资源是第一资源"的观念，加快人才引进和保障措施建设，合理规划，科学编制，积极引导具有高水平文化知识的人才走出城市，进入城乡，扎根基层、服务基层，树立服务基层、面向基层的价值观、世界观和人生观。党和政府应该把文化人才的开发作为重点来抓，着力培养一批有实力的文化企业家。完善人才培养的工作、政策机制建设，为文化人才创造良好的培养和工作环境，使人才队伍不断壮大，传统文化创新和创造力得到最大限度的发挥。

加快传统文化产业发展创新，要紧紧依靠专业的文化人才，特别是具有全面的综合素质的高端人才。但是我国这方面的人才还比较匮乏，人才需求与传统文化建设失衡，传统文化人才市场质量普遍不高。国家必须要加强人才队伍建设，完善政策利益导向措施，面向社会、面向市场，树立传统文化创新离不开优秀文化建设人才的理念，狠抓落实，建成科学的选才用才体系。

落实到实际工作中，就是既要坚持依托高等院校、科研院所对人才的培养，积极从高校引进高素质的专业人才，吸收一部分相关高校毕业生参与传统文化建设，汇聚传统文化建设领域，同时积极开展国际交流，引进视野开阔、懂得经营管理的国际型文化人才，开展竞争机制，竞争上岗，优化传统文化建设队伍，提高传统文化建设队伍的综合素质，加强人才储备和管理，激发人才的创造力和积极性。

要充分发挥人才的团队精神和作用，建立科学的机制。传统文化事业的发展、创新，是一个人才队伍与其个人共同努力的结果，相辅相成，缺一不可。在整个团队中，需要充分发挥个人的潜力，最后所有人形成合力，共同起作用。当然要发挥团队的整体作用，还要对关键的部门和个人进行科学的定位，安排合理的职务，人才队伍中管理者要起到引导和监督的作用，核心人员则起到相互协作和促进的作用。如果无法形成合力，则可能适得其反，人越多反而效果越差。这就需要各方面相互协调，相互帮助。首先需要建立合理的人力资源开发和管理运行机制，拥有良好的组织能力，职责与岗位相匹配的工作体系，这是获得成功的必要条件之一；其次是要制定合理的激励机制，完善制约和约束机制，在科学绩效考评和评估的同时，给予人才相应的奖励，在规章制度的建立上，让不同惩罚措施成为制约机制的核心。总而言之，只有定位科学、激励得当、措施有力，整个团队才能高效地运转。

同时，要加大对传统文化人才的开发、激活，需要从以下五个方面入手：第一是对人才开发的定位要准确、科学、合理；第二是完善人才选拔机制，什么样的人适合什么样的岗位要心中有数，合理安排；第三是要有完善的工作绩效考核办法和评估机制，确保各司其职，各尽其职，约束相关人员的行为；第四是合理安排薪酬和劳动报酬管理办法，激发人才的工作积极性和热情；第五是要有科学的人才培养和开发体系，减少岗位与自身能力不相符的矛盾发生。

3. 鼓励各地开展地方特色文化事业

文化是地理环境、社会形态和生产方式等相互作用的产物，它的生成和发展无不带上地方特有的传统引证。文化积累越浓厚，地方特色就越鲜明、越独特。我国优秀的传统文化就是由各个民族、地方各具特色的文化组合而成，鼓励不同地方和民族发展特色文化是传承传统文化的重要内容和方式之一。

充分认识少数民族优秀文化对于整个中华优秀传统文化的重要作用和意义，是繁荣少数民族文化的思想前提。在建设少数民族传统文化的过程中，要时刻保持头脑清醒，要有强大的历史使命感和责任感，切实增强为民族地区服务的本领，贯彻和落实科学发展观，满足少数民族群众基本的文化权益和需要。把繁荣少数民族文化这个任务放到战略性高度，加强对各少数民族传统文化的进一步挖掘和保护，做好文物以及非物质文化遗产保护工作，做好文化典籍的整理和出版。同时要求我们实事求是，一切从实际出发，根据不同地区的不同情况，包括经济社会发展水平、民族风俗习惯等，因地制宜。完善少数民族地区传统文化保护的各项规章制度，实行特殊的优惠政策对少数民族地区进行照顾。进一步发掘不同地区的特色传统文化深刻内涵和宝贵价值，实现少数民族地区传统文化的不断繁荣和发展。为少数民族地区文化的发展添砖加瓦，最终实现党的民族政策和文化建设目标。

推动和加强农村传统文化建设，是全面贯彻落实科学发展观的重要内容，是保持农村和谐稳定的重要举措，更是弘扬中华优秀传统文化的重要内容之一。要把农村传统文化建设摆到重要议事日程，加强领导，加大投入，增强活力，健全制度，确保农村传统文化建设各项任务落到实处。要求我们一是要加快农村文化基础设施建设，实现县有两馆（文化馆和图书馆）、乡有一站（文化站）、村有一室（文化活动室）；二是加强农村文化队伍建设，建立健全农村文化管理队伍，建设一支高素质的专业文艺骨干队伍，扶持农村文化经纪人，出精品、出人才；三是大力开展农村各项文化活动，加强广播电视对农宣传，继续做好文化下乡工作，大力扶持农民自办文化活动，加强对传统文化改造提升；四是积极培育农村文化产业，尤其要鼓励和支持民间文化团体，繁荣农村民间文化市场；五是要加快城乡一体化发展联动机制建设。以城市带动农村，以工业促进农业，实现城乡优势互补，要进一步健全机制，拓宽渠道，推进各项农村文化活动开展的常态化建设。继续推进广播、电视、电影进农村、到全家，建立健全农村文化信息和网络覆盖，完善农村文化服务体系，提高服务质量，实现资源共享，在广大农村建设一批重点传统文化建设与推广的惠民工程，形成完善的城乡一体的传统文化服务体系。合理配置城乡文化资源，把传统文化发展繁荣的重心放在基层，优先安排基层传统文化建设项目，大力实施"公益文化建设工程"，开展传统文化"三下乡""进社区""送书送戏送电影下乡"等形式多样的传统文化活动。实现城市反哺农村，加大城市资金向农村补贴力度，使广大农村的老百姓也能享受到在城市里居住的待遇，享受到传统文化发展的成果。

（三）以产业化之路推进文化传承机制创新建设

文化产业化一词最早是由法兰克福学派的阿多诺（Theodor Adono）和霍克海默（Max Horkheimer）提出的，1947年出版的《启蒙的辩证法》一书中，他们首次提出了"文化工业"的概念。他们认为，工厂运用现代化的科学技术，生产出来大量被集约化、规模化和市场化的文化产品。这些文化产品通过大众媒体，如电影、电视、广播、报纸、杂志等传播给民众，也就是文化产品的消费者。所以说，文化产业化就是指将文化业进行集约化、规模化和市场化发展，以便创造出符合社会和大众需要的文化产品。

在当今这个社会，科学技术突飞猛进，经济社会不断转型、变革，人民的生活日益丰富多彩，对文化产品的要求也就越来越高。要推进传统文化建设不断前进满足人民的文化需求，就要走文化产业化的道路，要推动文化产业跨越式发展，也就必须构建现代文化产业体系，需要我们不断创新，创新传统文化产业的生产方式。传统文化发展的根本动力在于改革创新，改革是促进传统文化建设不断前进的必由之路，创新则是文化发展的制胜之道。我们要抓住机遇，进一步探索文化改革的新思路，以改革盘活存量资源，以创新增强发展活力。要继续深化文化体制改革，推进国有文化单位改革，加快经营性文化单位向企业制的改革，正确引导社会资本、非公有制文化企业以多种方式参与国有经营性文化单位的改制，促进文化生产要素和社会资源、力量向文化产业的聚集，促使传统文化产业不断壮大、做强，形成规模。

1. 构建现代文化产业体系，发掘优秀传统文化

发展传统文化产业，满足人民不断增长的精神文化需求是推进文化改革发展的重要抓手和重要途径之一。加快推进我国传统文化产业不断发展，应进一步结合现代科学技术，积极探索和创新传统文化产业的生产方式。各个地区之间应结合自身优势，从自身实际出发，科学合理地谋划布局传统文化产业发展空间和发展潜力，寻找符合自身的传统文化发展体系和产业化道路。充分发挥市场的基础性作用，推动文化企业的改制与重组，使文化资源向具有一定优势的企业和领域内集中，集中培育一批新文化企业，加快与科学技术结合的步伐，加快技术创新，掌握核心技术尽快形成创新成果，丰富和发掘一批优秀传统文化产品，注重提高传统文化产品的质量。使文化企业不断增强竞争力，参与国际竞争。

要不断寻找突破口，推动文化产业与其他相关产业的结合、创新，深化文化产业结构调整，推动文化与农业、工业以及服务业的横向发展，不断融合、衍生产业链条，提高文化产业所蕴含的附加值。重视打造高端传统文化品牌，树立品牌形象。充分发挥高校、科研机构的科研优势，健全传统文化技术创新体系，增强文化产业核心竞争力。加强传统文化创意与文化企业的结合。同时，将城市建设和农村建设与传统文化建设相结合，统筹发展，科学规划，提高城市和乡村建设的文化品

位。促进资本向文化产业的聚集，促进传统文化事业的壮大、发展。

要把文化体制改革不断深化的梦想、传统文化大发展大繁荣的梦想、文化强国的梦想嵌入中华民族伟大复兴的"中国梦"雄壮豪迈情怀之中。要在科学发展观的引领下全面、深刻把握文化大发展大繁荣对文化制度有效性的强烈要求和迫切愿望。要着力推进传统文化事业发展，切实保障公民基本文化权益，努力加大传统文化投入，逐步缩小城乡之间和地区之间在人才、资金和基础设施等方面的实际差距，扩大公共文化服务体系的规模、功能、运行有效性，尤其要在农村传统文化建设中强化资金、资源、人才配置，因地制宜，分类实施，让亿万人民得到更多参与机遇和实惠，全面提高公民道德素质，形成社会风清气正与个人幸福快乐的日常生活秩序。要着力推进传统文化产业发展，鼓励不同经营主体和资本形态进入传统文化产业，强化文化企业法人治理结构、现代企业管理方式以及与科学技术高度融合基础上的创意研发能力，规范国内市场，在"走出去"过程中增强中国文化企业和中国传统文化产品在国际市场的核心竞争力，在满足不同消费人群的多元文化消费诉求中将文化产业打造成国民经济支柱性产业。要着力研究文化大发展大繁荣的命题内涵和复杂逻辑关系，清醒地意识到文化大发展大繁荣不直接等同于发展传统文化事业或做强传统文化产业，因而也就必须清醒地意识到文化体制改革不是简单地将体制功能限制在对传统文化事业与文化产业的有效匹配。在这个问题上，一定要有全局视野、精神高度、终极指向和长远目标，要上升到民族形象塑造、人类心灵净化、精神家园建构、价值尺度刻画和社会风尚培育的高度来审视文化发展的要义，要从文化理性、文化秩序、文化观念、文化心理、文化习俗、文化风尚等方面的现实社会状况来判断传统文化发展的实际水平，要用辩证的观点从形而上和形而下两个层面来评价我们的文化体制改革究竟取得了哪些进展，究竟还存在哪些盲区甚至误区。改革不能满足于细节和表层的机制转换，而要追求制度安排有效性前提下的大胆制度创新，努力使创新形态的文化制度具有全面激活文化创造力的体制能力和体制活性。

2. 树立文化的品牌意识，创建品牌文化工程

文化是国家软实力的重要源泉，而且软实力已经成为衡量一个国家综合国力的重要因素。而传统文化发展的根本动力在于改革和创新，传统文化创新就是要不断创立自主知识产权的文化品牌。当今的世界竞争日益激烈，全球化不断加深，我国的文化市场也不断遭受着来自西方的侵蚀和冲击，唯一出路只有发展创建中国自己的传统文化名牌产品，积极参与国际竞争，同时不断借鉴国外的先进文化内容、文化技术和先进的管理经验，学习西方传承传统文化的先进做法，深度开发我国特有的传统文化资源，利用我国地大物博、文化资源丰富的优势，加大传统文化创新投入力度，形成自己的文化品牌和特色，鼓励、支持有实力的文化企业和优秀文化品牌"走出去"，和国外文化品牌进行竞争，在"走出去"过程中增强中国文化企业和中国传统文化产品在国际市场的核心竞争力。

要适应人民群众传统文化需求的新特点和审美情趣的新变化，不断推进传统文化内容形式的创新，推动不同艺术门类和传统文化活动相互融合，积极运用声、光、电等手段提高传统文化的表现力，实现题材体裁、风格流派和表现手法的多样化。要积极运用现代科技手段开发利用民族文化资源，改造传统文化产业，催生新的传统文化业态，大力发展传统文化创意、文化博览、动漫游戏、数字传输等新兴产业，加快构建传输快捷、覆盖广泛的传统文化传播体系。促进少数民族地区传统文化事业的不断繁荣发展，加大政策保障力度和相关资金投入，切实开展民族特色文化保护工作，同时要加强对少数民族文化经典的宣传。通过举办本地民族特色的文化艺术节和开展特色旅游、举行传统节日庆典等文化活动和文化形式，例如，北京的"京剧"和各式各样的"庙会"、天

津的"狗不理"、河南省的"武林风"和"梨园春"、云南省的"云南印象"系列、东北三省的"二人转"系列、陕北的"信天游"以及闽台地区纪念妈祖活动等地方文化活动，都各具特色，形成各自文化品牌，是各自地区名片，也是我们中华优秀传统文化的代表和真实写照。打造文化品牌，使我国的传统文化事业生生不息，代代相传。另外，我们还应吸收和借鉴西方文化和其他民族创造的优秀文化成果，加强与国外知名文化机构的合作，取其精华，去其糟粕，为我所用，并结合我国的传统文化创造出可以为世界人民所接受的优秀文化，形成自己具有地方特色的文化品牌，让一批具有中国特色的文化产品走出国门，面向世界，拓展国际市场，丰富对外文化交流的手段和渠道，扩大中华优秀传统文化在全球的覆盖范围和世界影响力。

历史表明只有创立自己的文化品牌，不断创新，才能面向世界提高我国传统文化的知名度和影响力。与此同时，应不断深化文化体制改革提高传统文化产品和文化产业的层次，标新立异。将传统文化建设与科技进步紧密结合起来，优化文化产业的配置，做好产业结构的调整，不断与世界接轨，在传统文化产品的内容、质量和管理上下功夫，精心打造拥有自主知识产权的文化品牌和文化产品。在传统文化创新的过程中，我们还要反对形式主义、恶意炒作、过度包装等不良行为和习惯，将主要精力放在文化产品的不断发展创新上面，将自己所创造出来的文化产品推向市场，经受文化市场的洗礼和考验。一个民族的文化能否被世人所接受，一个文化品牌能否立于不败之地，都是要经过消费者和市场的千挑万选出来的。在此期间，要不断地吸收现有成果，结合他人和他国的经验和有益成果，进行融合创新。我国的优秀传统文化资源不胜枚举，然而真正被我国文化企业和文化产业所利用、改造、创新的却是凤毛麟角，还有很大的利用和发展空间。国外很多作品都是利用中国传统文化为背景，甚至内容来创作、创新，取得了不错的成绩，如《功夫之王》《功夫熊猫》等好莱坞大片，华人导演李安的成功也是根据其中国文化背景结合西方的生活方式创作了很多电影作品，受到广泛好评，并两次收获奥斯卡大奖。所以说，一旦我们确立了方向，把握住传统文化创新的发展方向，并积极、适时地调整文化产业发展策略，利用民族传统文化发展创新，形成品牌，创建一批具有中国特色的传统文化产品和文化品牌走向世界，将会对我国的传统文化品牌建设起到极大的促进作用。

（四）完善依托现代传媒技术的传播机制

建立健全现代化的传统文化传播体系，形成覆盖范围广、传播技术发达的现代化的传播机制，这是提高我国优秀传统文化在世界影响力的重要举措和必然出路，所以就要求我们加强对相关报纸杂志、出版社以及广播电台和电视台的管理，深化传统文化传播媒体的机制改革和创新，加强国际传播能力建设，打造国际一流媒体。近年来，我国文化宣传部门大力加强了传播能力建设，我国统筹报刊、通讯社、广播电视以及互联网和出版社等多种媒体，统筹有线、无线、卫星等技术手段，加快建设现代化文化传播体系的步伐，积极拓宽文化信息传播渠道，丰富传播手段，成立专业的传播队伍，汇聚专业文化传播人才，凝聚力量为传统文化的传播贡献力量。但是，由于我国目前正处于经济社会飞速发展时期，人民群众的文化、精神需求在不断增长，与此相比我们的传播体系还略显单薄，传播技术和传播能力与世界先进国家相比还有一定差距。在今后的工作中，我们要努力发展具有高科技含量的传播技术，使其与我国经济社会的发展相适应，与人民群众的需要相适应。这项工作任重道远，需要付出相当的智慧和汗水。

1. 拓宽传播手段，发展现代传播体系

第一，加快构建现代传播体系，是适应我国经济社会发展和国际地位变化的迫切需要。随着我国综合国力增强，中国在世界上的地位、中国发展对世界的影响更加凸显，国际社会对中国的关注度不断提升。对于中国的快速发展，国际社会看法复杂、心态各异，有充分肯定中国成绩的，也有对中国抱有疑虑和偏见的。世界上许多国家与我国合作的愿望在不断增强、对中国的信息需求也在迅速倍增。这就必然要求我们要加快传播能力体系建设，加快形成与我国经济社会发展水平和国际地位相适应的传播能力和传播技术，增强向世界推销中国、客观评价、介绍中国的能力，满足国际社会对来自中国信息的多样化和多层次的需求，引导世界各国客观地、理性地看待中国的发展和中国在国际事务中的作用，营造有利的国际环境，向世界展现现代化的中国文明、民主、开放、进步的形象。

第二，加快推进现代化的传播体系建设，是提高中华文化辐射力和影响力的迫切需要。一个民族的文化影响力，取决于其包含的思想内容和其所具备的传播能力。文化传播能力越强大，其文化覆盖的范围就越宽广，他们的思想文化和价值观念就能在全世界的范围内得到广泛的传播，也就必然更有力地影响这个世界。相比西方国家，我们的传播能力与他们还有很大差距，这就限制了我国优秀传统文化在世界上的传播，也就导致我们不能向世界展示出中华优秀传统文化的思想价值和中国先进文化在当代繁荣发展的丰硕成果。同时我们在加深不同国家和文化之间的相互沟通、相互理解方面还有很多工作要做。这就要求我们加强传播能力建设，加快我国的文化传播方式和传播手段向数字化转型，提高文化传播的科技含量，利用现代科学技术和手段提高文化产品生产和传播效率，增强中华传统文化的吸引力和影响力，更好地推动中华传统文化走出国门，走向世界。

第三，建立完善的现代化文化传播体系，是应对全球化挑战的重要举措，是应对国际传播体系处在不断变化、变革之中的重要对策。在当今的世界，科学技术突飞猛进，传播技术不断更新，传播的全球化越来越明显，在激烈的国际竞争中要想立于不败之地，赢得一席之地就必须完善传播体系，加快与科学技术的结合，面向全球，参与国际竞争，拓展自己的传播空间，才能占据主动地位，实现传播资源最佳配置和传播效益最大化。传播全球化不可阻挡也无法回避，任何媒体如果不能及时融入国际传播体系，将失去在国际传播市场同场竞技的机会，也意味着在国际舆论竞争中自动弃权。这就要求我们积极适应国际传播发展的新形势、新局面、新挑战，坚持全球化理念，积极拓展自己的国际视野，做到国内传播与国际传播的统筹协调发展，做到经济社会与提高文化传播能力和质量的协调发展，要放眼国际，面向全世界，建设有重大国际影响力的国际顶尖媒体行业，提高我们所传播信息的质量，增强其所包含信息的容量，使来自中国的各种文字、声音等信息漂洋过海传播到世界每个角落，进入亿万家庭。

2. 加大社会舆论宣传力度，营造良好社会氛围

面对市场经济日益发展和信息技术广泛应用的新形势，我们必须更加重视正确的舆论导向，切实提高舆论引导能力，加大文化宣传力度，面向社会，面向大众，不断提高正面宣传能力。坚持团结稳定鼓劲、正面宣传为主，充分发挥主流媒体的引领作用和桥头堡作用，通过新闻媒体和社会舆论，加强宣传，完善文化建设服务平台，引领健康的文化生活和文化潮流，扩大文化影响力。高度重视互联网等新兴媒体的应用和管理，提高网络文化产品服务和供给能力的同时，切实加强网络舆情监测、分析和判断，及时发布权威信息，主动引导网上舆论，在重大问题上有所作为，在关键时刻有话说，牢牢掌握话语权和主动权。

总之，加快我国文化传播机制建设成完整的文化传播体系已经成为我国传统文化传承面临的一个重要课题和艰巨的任务，今后的工作中我们要继续坚持新闻媒体和舆论导向的正面性和科学性，鼓舞、激励和团结全国各族人民，科学管理，合理规划，从制度创新上促进文化传播能

力的不断提升，做到统一分配、分工明确、统筹发展的工作机制，形成富有效率的工作局面和态势。

第四节 中华优秀传统文化传承的进路

在新时代背景下，党中央高度阐释了传承与弘扬中华优秀传统文化的重要性。新时代，中华优秀传统文化不仅是中华民族赖以支撑的精神命脉，更是保证中华儿女在世界文化激荡中敢于奋斗的后盾根基。现如今，传承中华优秀传统文化是一项重要的初心与使命，多方主体都应该秉承对优秀传统文化进行创造性转化与创新性发展的理念，在夯实有力的文化自信的基础上，准确认识把握世界发展大势，为中华民族伟大复兴的中国梦注入有机动力。

在新的时代背景下，传承中华优秀传统文化的实践进路可以围绕挖掘文化符号、推广文化记忆、夯实文化硬软实力等层面展开具体的探索。

一、以动态与静态相结合挖掘文化符号

传承中华优秀传统文化是推动中华民族共同体建设的根本，而中华民族共同体建设工作重在探索多元化的本质特征，以静态与动态相结合的方式挖掘优秀传统文化中的文化符号。各个地区的自然环境与人文传统塑造了当地的优秀传统文化，更为文化符号的挖掘工作提供了有机赋能。

其一，加强对中华文化符号的保护工作。众多优秀传统文化的文化符号通过器物、服饰、艺术形象等进行呈现，多方主体应该做好倡导工作，呼吁学校、文化馆、博物馆、互联网、自媒体等平台思考优秀传统

文化的多元化展示效果，促使大众对各个地区的优秀传统文化实现全方位、多层次、立体化的理性认识，为增进对中华优秀传统文化的情感认同与价值认同打下坚实的基础。

其二，激活中华文化符号的内在生命力。文化符号是一个民族有机续航时代精神的重要源泉。众所周知，中华优秀传统文化不是静止的且化石般的存在，它内在的文化符号具有鲜明的创造力、生命力、向心力。在新的时代背景下，各方主体都需要积极探索将优秀传统文化的文化符号融入当代人民群众生产生活的新路径，在挖掘文化符号的基础上，有机赋能当代以载人航天精神为代表的民族精神谱系，增强中华优秀传统文化的感召力。

二、以记述与活化相作用推广文化记忆

任何记忆都与特定个体与群体的具体实践活动所紧密联系，中华优秀传统文化中的文化记忆充分镌刻在人的思维方式与行为方式之中，主要体现在历史古籍、文学作品、文物建筑等。在新时代，传承中华优秀传统文化中文化记忆，需要认识到记述与活化之间的有机作用，为传播中华优秀传统文化开辟崭新路径。

其一，在加强实践活动引领方面。现如今的青少年群体对优秀传统文化的认知程度还是处于较为抽象的境地，这样在实践活动环节能够促使青少年群体全方位、多层次、宽领域地熟知优秀传统文化的发展历程，在承接文化记忆的基础上，内心搭建起理解优秀传统文化的有机桥梁，增强对中华民族民族身份的认同属性。

其二，在落实日常生活点滴方面。对传承中华优秀传统文化的文化记忆，还需要在特定时间、特定节点做好特定工作，这需要多方主体充分探索传承民族文化记忆的常态化建设机制，通过嵌入丰富多彩的形式活动，促使大众感受到展示中华民族血脉相连的最有力佐证，通过唤醒

内心深处的集体记忆与互帮互助的民族特质，让大众感受到文化记忆深深铭刻在日常生活点点滴滴的既定事实，为将共同的文化记忆转化为当代日常生活的情感寄托与道德约束创造必要的条件。

三、以产业与商业相统一夯实硬软实力

中华优秀传统文化的传承工作必须以文化产业为重要依托，再辅助于商业业态，最大程度上激发社会效益与经济效益，这样不仅为中华优秀传统文化的传承拓宽了广阔的空间，更为推动中华优秀传统文化的实践转化注入鲜活动力。

其一，疏通文化传承手段渠道。优秀传统文化的传承渠道，离不开产业与商业的规模性投入力度，这需要文化产业及其衍生的商业业态通过掌握重要精髓，在深入民间优秀传统文化腹地的基础上，科学规范文化产业市场与维护商业业态秩序，充分推动中华优秀传统文化实现创造性转化与创新性发展。

其二，创新文化传承多样形式。新时代下的中华优秀传统文化传承工作，需要以显隐结合的方法实现硬软实力并重的效果。一方面，需要充分发挥互联网与新媒体技术的重要优势，熟练使用微信公众号、视频号、抖音等自媒体技术，提升大众对中华优秀传统文化传承的接纳度。另一方面，文旅产业需要发挥榜样引领、典型示范的带头效应，通过嵌入"文化+"的形式推动优秀传统文化传承改进机制进一步得到完善，并且运用经济补偿措施引导广大优秀传统文化爱好者加入这项事业之中。

其三，科学调和利益关系。在传承中华优秀传统文化的过程中，更应该科学处理好产业化与商业化之间的关系，避免出现过度商业化现象，为这项文化传承工作制定切实有效的规章制度，真正提升我国在优秀传统文化传承方面的硬软实力。

在新时代，传承中华优秀传统文化已经成为了一项重要性工程，它为深入推进中华民族共同体建设夯实了思想与文化沃土。对中华优秀传统文化的传承需要秉持创造性转化与创新性发展的原则，在契合以人民为中心的发展思想的基础上，中华儿女要齐心合力共筑传承中华优秀传统文化的使命责任，为激发中华优秀传统文化的内在意蕴与文化底色提供后盾支撑、做好把舵任务。

第四章
守正：中华优秀传统文化的保护与传承

中华优秀传统文化是中华民族的"根"与"魂"，守正创新是文化传承发展的根本原则。本章立足于新时代文化建设的实践需求，系统探讨中华优秀传统文化保护与传承的核心要义。通过分析传统技艺的生产保护与生活传承，阐释中华优秀传统礼仪文化的传承，梳理古籍文献的保护与开发利用，为构建与完善传统文化教育体系提供理论支撑和实践指导。守正才能创新，唯有坚守文化本根，方能实现传统文化的永续传承与时代价值。

第一节　传统技艺的生产保护与生活传承

传统技艺是由我们的祖先一辈辈积淀流传至今、在漫长的生产实践中形成的生产技术，它富含民众的审美观念和思想情感，代表着技艺的精华，是当前非物质文化遗产生产性保护的核心。"生产性保护"是中国在非物质文化遗产保护实践中提出的一种保护方式，是一种使非遗融入现代社会生活实践的最直接的方式，目的在于通过生产性保护使非遗融入民众的日常生活并在生活中持久传承。笔者认为，并非所有传统技艺类的非物质文化遗产都适合采取"生产性保护"方式，应从其历史发展和存续状况出发进行分类保护。例如，历史上出现的满足人文志趣和文化审美的艺术含量高、技艺精湛的手工艺品，如竹雕臂搁、鲁庵印泥、顾绣等以欣赏为主，原本就不靠走市场而存在，应通过政府扶持、社会资金赞助等形式使之传承下去。更多传统技艺类的非物质文化遗产是在民众生活中产生的，属实用性的生产技术，必须在生产中进行保护。只有在生产中不断创新和发展，才能使之具有持久的生命力。本文所讨论的"生产性保护"，就是针对此类非遗而言的。

一、生产性保护的核心与实践中的问题

"非物质文化遗产生产性保护是指在保持非物质文化遗产真实性、整体性和传承性的基础上，通过生产、流通、销售等方式，将其资源转化为文化产品或服务，以实现活态传承和可持续发展。目前，该保护方式主要应用于传统技艺、传统美术和传统医药药物炮制类非遗项目，并逐步拓展至文旅融合、数字化等领域。"（依据文化和旅游部 2021 年《"十四五"非物质文化遗产保护规划》及 2022 年相关政策文件）

非遗生产性保护即是立足于非遗"活态流变性"，为实现非遗的活态传承而开展的一种有益探索，其主要任务是建立起一套非遗保护和经济社会发展良性互动的有效机制，最终目的是通过生产实践，实现非遗的传承与振兴。因此，陈勤建指出，传统技艺性的非物质文化遗产具有活态性和生产性，最好的保护方式就是让它在民众生活中重新获得需求土壤，从而取得新的活力。

传统技艺与民众生活息息相关，离不开当代社会民众生产生活的现实需要。事实上，生产性在非遗保护类别中，特别是在传统技艺类遗产保护中大都存在，但市场的需求是起决定作用的。没有需求、没有消费，就没有市场，生产就是徒劳的。生产与消费是紧密相连的，消费是生产的内因。因此，非遗的生产性保护应根据民众的消费需求来决定，

并根据市场的需求来做适当的调整。

但是，非遗生产性保护在现实中也遇到一些问题，这就是当下一些企业借生产性保护之名进行过度产业化、市场化运作，违背了非遗生产性保护的初衷，对传统技艺造成了严重破坏。如作为中国古老"虎图腾"崇拜的布老虎，至今在山东地区广泛存在，胶州地区自古就有送小孩布老虎的习俗，姥姥在小孩满月时送孩子布老虎，意在驱鬼辟邪，有期盼孩子健壮的寓意。莒县有结婚时送"对虎"希望新人百年好合的意义。过去，布老虎都靠手工制作，有特定的对象和特定的寓意，但现在除临沂地区个别老年妇女仍在坚持手工制作外，其他地区基本上是通过开办工作坊进行布老虎的批量生产。在潍坊，布老虎的文化遗存不是很多，但经营者瞄准旅游市场，立足营销，进行统一裁制，用缝纫机进行批量生产。在市场运作下，经过机器批量复制，销售量大增。但此时的"布老虎"已不是民间流传的信仰物——"小孩守护神"了，只是一种现代工艺品，它所具有的文化符号意义已经荡然无存。鲁南云肩也存在同样的问题。鲁南云肩是我国云肩技艺的重要代表之一。作为婚俗活动的重要文化载体，云肩体现了百姓对美好生活的期冀。如"四方云肩"代表事事顺心、事事如意；"八方云肩"则含有八方吉祥美好的祝愿等。至今临沂沂南县仍有年龄较大的女性从母亲那里学来手艺并在农闲时从事云肩制作。但是，在现代市场经济的冲击之下，原本蕴含民俗情感和艺术表达的技艺现在转化成为商业工具，过去耗时两三年才能完成的云肩制作现在从最初的制作阙子到最后的串珠、绲领都是由不同的人进行流水线生产，为商业订单进行加工，以旅游商品的形式批发至全国各地销售，从中牟取经济利益，使传统技术丧失了情感追求和文化意蕴。藏族的唐卡也是如此，手工生产技艺被机器生产所替代，它们所承载的文化意义消失。目前市场上有很多印刷品唐卡，打着非遗的旗号批量生产挤占了市场。与手工制作相比，机器生产更容易提高效益，但是，商家显然挣的不是印刷画片的钱，而是把"唐卡"作为文化产品销售。如果不加区分地一概冠以"唐卡"的名目，这种掠夺性的价值转化方式会迷惑消费者，唐卡艺术品市场就会被动摇。

目前还存在的另一种问题是在非遗保护工作中，政府和开发商充当了主角，而传统技艺传承的主体传承人及民众被忽视。作为民间文化，非遗的存在必须依靠传承主体（社区民众）的实际参与，体现为特定时空下一种立体复合的能动活动；如果离开这种活动，其生命便无法实现。如果非物质文化遗产不能得到群体认同，不能引起群体成员情感上的共鸣和文化价值上的认同，也就不具有传承的价值。任何一种非物质文化遗产，其产生与发展都植根于一个地方的传统文化中，体现一个地区的文化特质与价值。特别是手工技艺类的非物质文化遗产地域特色最为明显，如山东的东阿阿胶、临清贡砖、杨家埠木版年画、高密剪纸等，均体现出浓郁的地域特色，是地方文化的体现，因此，它只能在一定的自然和人文环境中传承发展，过分地庸俗化、商品化、市场化，剥离了其生存的土壤，破坏了它的原生性、质朴性，长此以往，人们便会渐渐淡忘其所蕴含的文化意义，致使手工产品失去市场，造成非遗中富有文化内涵的传统技艺的消失。因此，非物质文化遗产生产性保护的核心是传统技艺和文化价值。

二、传统技艺的生活属性与传承价值

传统技艺类的非物质文化遗产，是民众在长期的生产生活实践中发明、积累和传承下来的，具有丰富的历史、科技、人文内涵和独特的价值。它一般以天然原材料为主，有完整的工艺流程，采用传统的手工艺，有鲜明的地域特色和传统审美意趣。这类非物质文化遗产之所以能够流传至今，是因为它们与历史上人们的生活密切相连，是人们在生产生活实践中创造并延续下来的。

在农耕社会，手工艺始于对自然物质的利用和各种工具的制造和使用。农业耕作所需要的犁、耙、锄、耱，饮食起居所需要的陶罐、辘轳、箩筐、簸箕，交通运输所需要的担、车、船、轿以及织锦、染布、造纸等日常生活所需的种种物资，都留下手工艺的印记。而且，随着生产力水平的提高和人类社会的发展，手工艺门类越来越齐全，遍布各地的家庭手工业，满足了民间生活所需。至明清时期，一方面承宋代"巧夺天工"的价值取向，另一方面受西方传教士带来的科技知识的影响，不仅手工艺门类齐全、技艺精湛，而且各种物品造型精致，装饰繁缛，极具艺术效果，体现了中国人的智慧及审美理想。由此可知，传统技艺是顺应生活的各个环节由低到高、由简至繁，由最初满足人们简单的生活需要到后来满足人们的审美追求，在与自然、社会的互动过程中不断调整、完善、创新和发展的。源于生活，满足人们不断变化的物质和精神生活追求是传统技艺不竭的动力。

鲁锦是鲁西南地区传统的民间纯棉手工提花纺织品的总称，它独特的手工提花织造技术和色彩鲜艳的图案体现了浓郁的地方特色，因而成为中国民间传统手工纺织品的重要组成部分。鲁锦的主要产区在菏泽、济宁一带。这一带盛产棉花，为满足人们的穿衣及生活需要，在距今五千年的原始社会父系氏族时期，古代先民们就掌握了葛、麻的纺织技术，到了商周时期出现了原始的织造机具——腰机。到汉代，又出现了斜梁机。斜梁机上有卷经轴、分经木、缯、蹑等部件，使用时可以手脚并用，加快了纺织速度，标志着纺织技术的逐渐成熟。经过唐代的发展，宋时，山东已经成为全国三大纺织中心之一，产品品种有凌、绢、罗、绸、帛等十几种。经过明清两代对纺织机具的改进，鲁西南织锦技术已是炉火纯青。

在一个相当长的时间内，尤其是在现代化和机器大工业的冲击下，中国对传统手工艺的认识存在误区，把手工艺视为陈旧落后、无足轻重、可有可无的，致使许多珍贵技艺濒临失传或已经失传，对传统文明的延续造成极大影响。在世界历史发展进程中，19世纪英国的手工艺复兴运动给中国以启示。工业革命引发了英国社会结构的变化，19世纪初，以农业文明为基础的传统社会结构解体，以机器大工业为特征的工业文明异军突起，使传统文明如信仰、艺术遇到前所未有的挑战和冲击。于是，以复兴传统文化为目标的手工艺运动在19世纪早期兴起并贯穿于整个19世纪。他们追求人工而不是科技，追求神性而不是理性，尊重自然，维护社会生态环境。尽管手工艺复兴运动不可能改变以科技为主流的人类社会的发展方向，但手工艺运动在国际范围内的扩张使更多的国家认识到，每个民族都有其文明特征，传统的延续有益于整个人类文明的稳定与发展。

所有传统技艺均是人类的发明创造，它不只为人们简单的生活所需，更蕴含了人类的聪明才智和情感追求。木雕、石雕、玉雕、泥塑、面塑给人以美的愉悦；剪纸、刻纸、皮影、年画有丰富的文化内涵和艺术价值；造纸术和印刷术对文明的传承和传播起了极大的作用。手工艺和手工艺品能给人以美的享受，是人在与自然的互动中产生的，是人类情感的表达，与艺术、信仰紧密相连，具有民族和地域特色，是人类历史文化延续的见证。它所具有的民生价值、艺术价值、历史文化价值均是其传承价值所在。

之所以强调传统技艺的传承价值还在于其作为"文化基因"的衍生价值。文化生态（cultural ecology）学认为，像生物界一样，每种文化都类同于生物的基因，都具有鲜活的生命，不同文化之间构成不同的文化圈、文化链，相互影响、相互渗透，相互联系、相互依赖，构成民族文化体系，显示本民族的文化特质和民族品格。与自然界一样，在文化生态系统内，每种文化都有自己的位置，有自身的价值，是适应自然环境和社会文化环境的结果。手工技艺类的非物质文化遗产是农耕社会里人们生活的重要组成部分，是在生产中产生的，与人们的生产生活融为一体，是相伴共生关系，它们共处一个文化生态系统内，系统内每个文化因子的改变都可能影响整个系统的稳定，导致文化链的断裂。在文化发展的进程中，某种文化现象的衰落和消亡是客观规律，但是具有较高价值的多种非物质文化遗产的消失对人类来说就意味着文化多样性的减少，会给人类带来重大损失。因此，融入百姓生活，适应社会变迁需要，尽可能多地保留传统技艺存在的土壤，才能使非物质文化遗产具有更持久的生命力。

三、在生产与生活互动中延续传统技艺

从哲学意义上理解，"生产"是一种生长，是一种制造和创造，不一定与市场直接挂钩。但经济学中的"生产"却是与市场、与消费联系在一起的。非物质文化遗产生产性保护中的传统技艺的"生产"更多是经济学意义上的生产，强调的是投入、产出、生产、消费，无论是传统手工艺还是传统医药行业，尽管产出的是物质形态的产品，但其中既蕴含了人们巧夺天工的精湛技艺，又富有特殊的文化情感。生产性保护的目的就是通过将非物质文化遗产及其资源转化为产品并为人们所享用从而有效传承非物质文化遗产的生产技艺。如果将传统技艺仅仅放在表演台上进行比画，不去面对社会生活的实际目标进行生产，这种技艺是保存不了的。手工技艺这样一种以人为中心的非物质文化遗产，必须在生产实践中进行保护。现存的很多手工技艺，都是历史上符合当时人们生活需要产生的。现在有些手工技艺因时代变迁失去存在的土壤而消失；有些手工技艺却能够适应社会变迁而变异和发展，因此，必须在生产与生活的互动中传承传统技艺。

在传统技艺的传承问题上，始终存在不同的声音。一种观点认为，对传统技艺必须原汁原味地保留，似乎谈到创新和发展，一切就会面目

全非。这种认识具有片面性。有些非物质文化遗产已经历经几百年甚至几千年，之所以今天仍具活力，其原因就在于人们在长期的生产生活实践中历经种种磨砺不断完善和发展。因此，另一种观点认为，传统技艺也必须随时代的变化而变化，其中最为关键的问题在于"无论如何创新、发展，不能丢掉非物质文化遗产的内核——核心技艺、核心价值及其文化内涵"①。非物质文化遗产具有艺术价值、历史价值、文化价值，如果在传承过程中丢失了其内核，也就失去了传承的价值。

传统技艺类非物质文化遗产生产性保护的根本是保持其核心技艺和核心价值，在此前提下，采取何种生产方式生产，应根据手工艺的类别，随着时代的发展而不断变化。有的可以一直用手工生产，有的可以从手工生产发展成机器生产，有的可以手工与机器同时运用，不能强求采取一种模式。

手工与机械是相辅相成的，可以共存、互补，两者相结合是非物质文化遗产生产性保护比较可行的方式。在一些技术要求比较高的关键环节，必须使用手工；但在一些劳动强度比较大，机器又可以替代人力的环节，可以使用机械。如此，既不会失去手工技艺，还可以提高生产效率，创造更多的社会财富。如泾县宣纸厂为适应市场的需求批量生产宣纸，用机械代替人工捣纸浆，用蒸汽代替火墙烘干纸张，这都是无可非议的。对于像陶瓷、织布、酿酒等行业，传统技艺和机械相结合，既保留了传统技艺的精髓，又提高了生产效率，不失为一种有效的保护方式。

淄博陶瓷烧制技艺早在公元前5100年就已经产生。到公元前4000年大汶口文化时期，山东的制陶技艺已达较高水平，器形以釜为主，此外，还能塑造鬶、鼎、瓠、豆、钵、罐、盘、背壶等多种器形，并能用

---

① 王文章. 非物质文化遗产概论 [M]. 北京：文化艺术出版社，2008：125.

土红、赭石、白垩土、炭黑等颜色在陶器上勾绘出各种规矩整齐的几何形纹、花瓣纹、八角星纹等图案。而稍后的龙山文化时期，在器物形制和制陶技术上有了很大提高，已广泛应用轮制技术，器形以三足、圈足为主，但器身上已带有盖、流、耳等附件。这时期淄博制陶业已可以生产出黑色磨光、薄如蛋壳的黑陶，表明淄博的制陶技艺已达到了相当高的水平。宋代是淄博制陶业的鼎盛时期，淄博被誉称"瓷都"，不仅因其遍地瓷炉，陶瓷产品丰富，更重要的是研制生产出了雨点釉、兔毫釉、茶叶末釉等历来被视为陶瓷艺术中的珍品的结晶釉瓷。元末，淄博地区兵荒马乱，民不聊生，制瓷业遭受重创，雨点釉和茶叶末釉及许多前代优秀技艺失传，明清时期虽有所恢复，但在品种及技艺上均未超过前代。新中国成立之后，淄博人在保存、继承传统工艺，不断挖掘恢复失传特色产品的基础上，大胆地采用现代科学技术，研制新材质，开发新产品，使淄博陶瓷进入了新的发展时期。1963年，全国第一条日用陶瓷隧道窑研制成功，之后，全国第一条链式烘干机、大缸成型机问世，使中国陶瓷生产方式发生了根本变革。20世纪五六十年代还恢复研制出雨点釉、茶叶末釉、兔毫釉、金星釉等几种历史失传的名贵色釉，成功地仿制了龙山文化的蛋壳陶，还创造了红金晶釉、鸡血红釉、金星釉和几十种黑釉变化釉。七八十年代，重点在陶瓷新材质方面创新，滑石质鲁青瓷、乳白瓷、象牙黄瓷、鲁玉瓷相继研制成功并投入机械化生产。90年代，终于研制出合成骨瓷。在陶瓷彩绘、陶瓷造型、陶瓷装饰等方面博采众长，研发出许多新技法，其中刻瓷艺术是其代表。2008年，中国陶瓷工业协会批准淄博陶瓷为"当代国窑"；2011年淄博陶瓷烧制技艺被公布为国家级非物质文化遗产。

德州古贝春酒厂成立于1978年，30多年来，酿酒工艺不断改进，原料粉碎及原料搬运用机械，蒸酒也由烧灶改成了锅炉，用鼓风机凉茬醅，减少了工人的劳动强度，提高了效率。但浓香型古贝春酿造工艺仍属于传统手工技艺，该工艺以其"多粮跑窖包包曲、三高一长和一低、特制人工老窖泥"为特点，在关键的上甑、装甑、摘酒等环节仍需要人工进行。装甑是个技术活，装甑讲究"轻装薄撒"，要慢慢撒，要撒匀，跟着汽走，如果只撒到一个地方，汽都从别的地方跑了，这里就堵死了，因此装甑只能使用人力，即便是在现代化科技如此发达的今天，装甑仍然需要老工人多年所形成的经验。摘酒也是个技术活，要看酒花。一般是副班长专门负责看酒花，这完全凭经验。酒花大了就是一级，酒花一旦变小就摘二级，再小就是三级。其实看酒花也就是看酒精度，一级酒一般在70度以上，二级酒在60度以上，三级酒在45度以上。浓香型古贝春酿造工艺已经成为长江以北比较完善的五粮白酒酿造工艺。

上述制瓷、酿酒类的非物质文化遗产原本就是与百姓"日常生活"密切相关，属于市场中大宗销售的商品，适合规模化、产业化生产。由于时代变迁，很多非物质文化遗产在当代逐渐失去生存的土壤，有的已经消失，有的濒临消失。对这类非物质文化遗产，可以通过舆论宣传、政府政策扶持，企业创意重构、产品创新等形式，实现持续发展。

南京云锦是一种提花丝织工艺品，集历代织锦工艺艺术之大成，在明清时为宫廷织品，因其绚丽多姿，美如天上云霞而得名，古人称其"寸锦寸金"。它与成都蜀锦、苏州宋锦并称中国三大名锦。2009年9月30日，南京云锦织造技艺入选联合国人类非物质文化遗产代表作名录。南京云锦织造鼎盛时拥有3万多台织机，近30万人以此和相关产业为生，是当时南京最大的手工业。但是，因云锦主要供宫廷御用及贵族妇女使用，后来虽也生产一些舞台使用的戏曲服装，但是毕竟范围有限，生产陷入困境。对云锦这样的人类非物质文化遗产必须进行保护。2009年6月6日，"中国非物质文化遗产保护中心南京云锦传习基地"正式揭牌，各种新产品开发、新技术应用陆续展开。现代云锦继承了明清时期的传统风格而有所发展，传统品种有妆花、库锦、库缎等几大类，目前库锦、库缎已可用现代机器生产，唯木机妆花织造工艺独特，必须用老式的提花木机织造，由提花工和织造工两人配合完成，两个人一天只能生产5～6厘米，这种工艺至今仍无法用机器替代。

21世纪初云锦除出口做高档服装面料及供少数民族服饰、演出服饰外，又发展了新的花色品种，如云锦被面、提包、台毯、靠垫、马甲、领带等日用品。如今南京云锦已经切实地走入人们的生活，逢年过节人们都会用云锦作为礼品相互赠送，南京云锦已逐渐成为一种社会的流行元素而广受欢迎。

南通蓝印花布之所以存续状况良好，最大的原因就是根据现代生活的需要，吸取了蓝印花布中的传统因素进行了再设计，纹样和图案均被赋予新的时代色彩，产品种类不断增加。从窗帘到桌布，从拉杆箱到儿童玩具，从门帘到壁挂，还是人们熟悉的蓝印花布的颜色和花纹，但更加实用的产品增加了人们的消费欲望。

生产性保护的目的是使传统技艺更长久地存在。基于传统技艺的生活属性及人文价值，保护传统技艺存在的土壤，保护传统技艺存在的文化空间，加深手工艺遗产在人们生活中的影响，才能在人们认知、参与的基础上，重建非物质文化遗产的文化意义，保证传统文化的延续。手工艺非物质文化空间的构成要素包括：手工产品、使用手工产品的人以及人利用手工产品进行生产、生活、娱乐、民俗、祭祀等活动，形成具有时间性、空间性的文化场所。生产是基础，没有产品也就不存在手工艺的文化空间；民众的参与是条件，通过学校教育、社区宣传等途径，恢复民众的传统审美情趣，营造适宜非遗存在的土壤，提高民众文化自觉，才能使非遗与民众生活密切联系并产生互动，从而形成非遗存续的基础。

第二节　中华优秀传统礼仪文化的传承

中华优秀传统礼仪文化是中华文明的宝贵财富，是最具有特色并且最具有魅力的民族文化。我们可以充分利用中华优秀传统礼仪文化的指导作用来以文化人、以文育人，让中华优秀传统文化在全世界广为流传，全面提升文化软实力，这样有利于显示出中华文化的独特性和中国的美好大国形象。

一、中华优秀传统礼仪文化的内涵及其核心要素

（一）中华优秀传统礼仪文化的内涵

经历了数千年的发展和传承，中华优秀传统礼仪文化为我们留下了许多珍贵的文化遗产，其内涵深远。在古代，礼是用来约束人的行为的一种方式，礼是基于特定历史传统形成的，其核心在于仁，本质在于敬，基础在于诚，根本在于和。东汉文字学家许慎在他的《说文解字》中对"礼"和"仪"分别给出了以下的解释："礼，履也，所以事神致福也。""仪，度也。从人，义声。"换句话说，"礼"是祭拜神灵来祈求可以降福的行为，而"仪"则是人的行为应当遵守的制度、准则、规范等要求。中国古代文化的主要内容是礼仪文化，"修身、齐家、治国、平天下"是古代中国人的自我修养境界，其中每一方面都与礼仪联系密切。中华传统礼仪文化一系列的文明礼仪规范，促使着人们形成规范的日常行为，整个中华民族形成爱好和平、追求和谐的价值追求。综上所述，中华优秀传统礼仪文化从其内涵这方面来看，它植根于中国的传统社会，与人们的日常生活相融合，从人们的具体社会实践活动来看，它充分反映了人们的具体行为，不仅包含着人们应当遵循的各式各样的礼

仪制度、礼仪规则和礼仪规范，还包括了人们必须遵行的各种礼仪行为。

（二）中华优秀传统礼仪文化的核心要素

中华优秀传统礼仪文化涵盖着极其丰富的内容，其所包含的人文精神、价值理念、道德规范涵盖着社会生活的多个方面，如以儒家为代表的"仁义礼智信"五常思想、"忠孝节义"的四德思想以及"修身、齐家、治国、平天下"的自我修养等思想。中华优秀传统礼仪文化的核心要素从基本框架看，其主要内容包含着："修己以敬""修己以安人""修己以安百姓"的圣人理念，包含为人之礼、处事之礼、从业之礼、治国之礼在内的秩序理念，包含人与万物之间和睦相处等思想的和谐理念。从作为一种政治制度和政治思想看，一是维护社会稳定的政治秩序；二是保障政令畅通的外交方式。从作为一种道德理念和教化规范看，一是仁爱孝悌与谦和好礼；二是敬贤尊老与尊师重教；三是仪式适宜与仪表端庄。从作为一种调控社会关系的价值导向和批判机制来说，一是借助价值导向功能，可引导人们规范自身行为；二是在价值批判功能下，可矫正人们不规范行为。

二、中华优秀传统礼仪文化的价值

（一）有助于提升国家文化软实力

国家文化软实力中非常重要的一部分就是礼仪文化，能够确保国家快速发展的硬实力包括经济、军事等的强化，而政治、文化等软实力的提升更是保障国家持续繁荣昌盛的重要条件。我国要进一步增强对中华优秀传统礼仪文化方面的学习和理解，物尽其用，展现出我国独具特色的文化。我们可以以儒家文化的中心思想为着力点，让中华文化的感染力遍及全球，让世界各国可以愈发了解中华优秀传统礼仪文化。我们要让中华礼仪文化在世界各地广为流传，凝聚中华文化的力量，提升国家文化软实力。

（二）有助于促进和谐社会的构建

中华优秀传统礼仪文化可以不断完善人与人、自然、社会彼此之间的相互关系，已经构成了一个非常详细规范的系统，能够推动和谐社会的创建。中华优秀传统礼仪文化是调节人与人之间和睦相处的纽带，将其不断发展和传扬下去，不仅能够筑牢人们的风俗习惯和思想观念，规范人们的言行举止，还可以拓宽知识面。我们要不断地把中华优秀传统礼仪文化发扬下去，它对于构建和谐社会具有非常重要的意义，也是现代社会发展的必然需要。美好社会的构建可以影响国家的稳步前进，因此我们要不断促进社会主义物质文明和精神文明的协调发展，不断促进社会的和谐稳定。

（三）有助于提升大学生文化素养

大学校园主要是用来传授知识文化，培育高素质的人才的重要场所，但是受到各种环境因素的影响，有些大学生身上显露出了只知道学习却没有礼仪文明和基本素质的失礼现象。因而，对于大学生的个人文明素养的培养我们需要非常重视，对大学生传统礼仪文化方面的教育要更加注重和强化。国家文明水平的发展离不开社会文明水平的发展，两者是相互依存的，个人的文明素养从日常的文明行为表现出来。对自己日常的言行举止都十分重视的人，才能够干出一番大的事业，只有不断地完善自己，才能够获得一番成就。进一步提升个人文化素养，有利于大学生不断推进礼仪文明知识，承担传承重任，弘扬中华美德。

三、中华优秀传统礼仪文化传承现状分析

（一）部分大学生对传统礼仪文化认识程度不高

随着社会经济、科技的迅速发展，社会治理手段也逐渐完善并且多样化，但是我们总能看到不孝敬父母、不尊老爱幼、随地乱扔垃圾等不

良现象，这些现象显示出我们对传统礼仪文化的认识程度还不够高，对把礼仪文明素养不断发扬光大的意识还有待提高。有一些人没有完整地学习过礼仪文化知识，不能够准确地把握现阶段社会礼仪文化的现状以及人们对当前礼仪文化的诉求。我们要从身边的小事抓起，首先规范自身的礼仪行为，主动学习礼仪知识，提高对礼仪文化知识的认识。目前我国应当重点关注社会主义精神文明建设方面的发展，需要提炼出中华优秀传统礼仪文化中的有益部分。身为一名大学生，中华优秀传统礼仪文化是我们必须要学习的，我们要争做中华优秀传统礼仪文化的弘扬者和传承者。

（二）家庭礼仪教育的重要性认识不够

父母的日常举止言谈和生活习惯都会对子女产生非常深刻的影响。为人处世、礼仪文明、身心健康等都是家庭礼仪教育的主要内容，但事实上大部分家长都太过于溺爱孩子，担心其受到伤害，孩子即使犯了错，作为家长也没能够及时地对孩子进行批评和教育。主要以满足孩子物质需求为主，而礼仪教育就被遗忘，就算对子女进行教育时，也只是进行了表面的教育。还有一部分学生家长甚至只在意孩子的学习成绩和生活习惯这些方面，在对孩子进行家庭礼仪教育这方面存在很大的欠缺。这部分家长只希望孩子把注意力全部都放在学习上，以后能考上大学，找个好工作，对孩子的文明礼仪都要求甚低。细微之处见真章，毫无疑问，一个人的礼仪修养从日常生活中的细微之处就能体现出来。不注重家庭礼仪教育，在日常生活中很容易出现有失礼仪的行为。

（三）社会大环境中礼仪氛围缺失

人们礼仪行为出现不规范的现象与社会大环境密切联系在一起，社会大环境可能会对人们的思想具有引领作用，对人们的行为具有普遍的规范作用。浅薄的社会礼仪氛围会造成损害社会文明的不正之风与行为，例如：诚信缺失、公共场合吸烟、在公交车上占座、不给老人让座、在社会交往中因为一些小事大打出手。正是因为人们缺乏礼仪文化方面的意识，所以才会造成社会不良氛围，这些现象的出现能够使我们意识到礼仪文化的重要性，加强礼仪文化知识的学习。我们应该用人民大众喜闻乐见的形式传播中华优秀传统礼仪文化知识，营造讲礼貌、懂礼貌的社会礼仪氛围。

四、中华优秀传统礼仪文化的传承路径

（一）注重个体养成，提升自身礼仪文化修养

中华民族是一个文化大国，中华优秀传统礼仪文化在每个人的日常生活中都充分体现，但是目前还有一些人没能真正理解它。我们每个人都应该提升学习中华优秀传统礼仪文化的意识，在空闲时间可以阅读相关书籍、报纸和杂志，参加各种社会礼仪实践活动，在活动中拓宽自己的见识、锻炼自己的胆识，真正做到领悟中华优秀传统礼仪文化的内在价值，真正做到将其牢记于心。在这个过程中我们要更深层次的研究并且继续传承中华优秀传统礼仪文化，真正领悟适合当今社会发展的礼仪文化，规范自身行为，加强社会交际能力，提升自身礼仪文化素养。

（二）结合家庭日常，注重礼仪教育

当前社会在公共场所经常会看到不符合礼仪规范的行为，这与家庭教育脱不了关系。中华优秀传统礼仪文化与日常生活中的诸多方面有着密切的联系，传承中华优秀传统礼仪文化需要家庭日常礼仪教育。家庭教育既然作为传承中华优秀传统礼仪文化其中的一种方式，家长应当发挥示范作用，做好榜样，家庭礼仪教育要和中华优秀传统礼仪文化两者之间相互融合。因此，在日常生活中家长要言传身教，做出正确的表率，规范言谈和举止，从饭桌上的餐桌礼仪到日常生活中的各个方面的礼仪进行教育，培养孩子的传承意识，优化家庭礼仪教育。

（三）强化学校礼仪文化教育，提升学生个人素养

学校是用来教书育人的主要场所之一，不仅要传授学生知识，还要教会学生如何为人处世，当前，学校在礼仪方面的教育仅是进行理论上的教育，在真正的实践中，学生仍可能存在失礼的不良行为。理论知识固然是重要的，但是同时也不能忽视对学生的礼仪实践教育，学校要逐渐完善礼仪文化知识的教育体系，让学生领悟到学习礼仪文化知识也是十分重要的，在礼仪课程学习中，不仅要做到传授中国古代的传统礼仪文化知识，又要根据当今社会的发展合理吸收外来文化的益处。在礼仪课程学习中只是单纯地进行理论层面的教育或者只是一味地注重实践教育都是行不通的，要让学生更好地知礼懂礼，必须做到两者相互结合，使学生不仅掌握理论知识，还可以进行实践检验，在实践中发现问题，并且找到原因加以改正。要在校园里创造出合适的礼仪环境，我们可以通过校园广播时刻提醒学生规范礼仪，在学校里时常举办各种形式各样的礼仪文化活动，让学生们都能参与其中，充分调动学生学习礼仪文化知识的热情。

（四）完善全民教育体系，营造崇尚新时代礼仪社会氛围

经常举办全民参与多种形式的社会礼仪实践活动，礼仪活动实际上就是一种实践活动，在实践的过程中得到体验，如"礼仪文化知识比赛""汉服体验活动""学习古礼活动"等，使参与者真正地体会到浓厚的社会礼仪氛围。在社会中，有关部门可以利用闲暇时间组织开展教授知识活动，邀请专业人士传授礼仪文化知识、进行礼仪规范教育，利用网络、微博、电视等平台宣传中华优秀传统礼仪文化，合理地引导人们明礼仪、讲文明、重道德。与此同时，对于外来礼仪文化，我们要取其精华，然后融会贯通，我们要吸收对我国的有益之处，尊重各个国家的礼仪文化，在各国文化交流过程中广泛传播中华优秀传统礼仪文化，让全世界各个国家充分了解中华优秀传统礼仪文化，我们要营造出崇尚新

时代礼仪社会的浓厚氛围，让中华优秀传统礼仪文化在新时代传播到祖国大地。

中华优秀传统文化是中国人几千年来日积月累的历史经验，经过实践得知，传承和创新中华优秀传统礼仪文化是一项永久性、综合性的任务，需要各方面的共同努力，也需要从不同的角度来思考问题并且进行深入探索。我们不仅要深层次地研究中华优秀传统礼仪文化中所包含的文化精华、道德观念、思想意识，还要根据时代的变化不断进行改革创新发展，使中华文化可以展现出惊人的魅力和时代风采。

第三节　古籍文献的保护与开发利用

古籍作为历史遗产，是传承中华民族文化的重要文件，是极具史料研究价值的文献资料，也是重要的历史数据和具有重要价值的文化遗迹。在图书馆的书籍和文献保护工作中，如何客观、合理地使用古籍是图书馆工作人员要共同思考的问题。

一、古籍的内涵与开发利用概述

根据国家标准《古籍著录规则》（GB/T 30235-2023），古籍指1912年以前制作的中国古代典籍，包括刻本、稿本、抄本等多种形式，具有重要历史文化价值。文化和旅游部进一步将古籍按文字、载体和内容分类，并推动数字化保护与国际合作（参见《"十四五"古籍保护规划》，2021年）。

古籍是图书馆馆藏内容一个重要部分，其具有传承中华民族文化的作用。它们是与古老的精神财富联系在一起的纽带。随着社会的进步和生产力的发展，图书馆事业的持续发展离不开这些古籍资源；古籍资源的多少又体现了一座图书馆的自身特点，是图书馆馆藏基础之一。

古籍是有重大历史价值的史料信息来源。自新中国成立以来，国家非常重视收集、修复、整理古代典籍和文献，汇编了各种汇总资料，索引、汇编了其他参考文献，部分成果达到了预期的目标，为人们在今后对古籍的开发研究上提供了极大的便利。

二、开发我国古籍的现实意义

通过深入开发和利用我国古代典籍的文献资源，可以帮助人们了解古籍对现代经济和文化生活的重要性，可以更好地为我国今后在社会主义的发展过程中作出贡献。

（一）为政府机构提供促进经济发展的科学基础

科学决策的基础是科学数据、技术和科学知识，以及决策制定者的知识素养；同时，科学的决策必须拥有完整的信息和情报。而我国古代典籍提供了大量的数据和文件，使人们可以从历史经验和教训中学习，选择最好的执行方案，更大程度地避免决策失误，让古籍和文献资料为当代中国的经济建设贡献一份力量。特别值得一提的是一些地方史志资料，它们是具有实用价值的历史档案，也是古籍中比较重要的一个部分。这些文献是我国重要的文化遗产，是记录着政策和经济、人文、自然灾害以及丰富的矿物资源的文献资料。这些历史数据被古籍记录下来，可以提供决策基础，间接促进经济发展。例如，岳阳楼是四座历史名楼之一，范仲淹的《岳阳楼记》就为人们在抢救文物的过程中作出决定并实施提供了重要帮助。

（二）促进国家传统文化知识的传播

即使是在中国古代典籍中有些内容也不可避免地与社会主义文化相悖，但只要取其精华、去其糟粕，再与我国社会主义文化相结合，这些古籍资料就会被人们普遍接受，整个国家的文化素养就将得到提高。中国拥有无数的古代典籍资料，在文学、历史、农业和其他领域中，一直被世界上所有国家所尊重。海外的一些学者将东亚的经济腾飞归功于东亚各国经济体中的孔孟儒家思想文化的历史沉淀，这在文化积累方面是一个比较突出的例子。这些事实表明，古代文献资源在当代经济中发挥着重要的作用，是现代社会生活新的价值体现。

（三）利用古籍资源发展旅游业，促进经济发展

旅游业是一个绿色环保的经济产业，消费体量大、污染较少，有较强的可持续性，经济贡献率高、回报率高。近年来，由于人们的文化意识不断增强，发展和利用古籍资源开发旅游产业已成为发展经济的必不可少的重要途径。

三、古籍文献资料的开发与研究

在研究和开发古籍文献资料的过程中，主要有两个开发层面：

一是基础开发。基础开发主要涉及古籍资源的基本挖掘和使用，包括展示古代文献资料特点、科学分类，古代科学资料编撰的图书目录、索引和其他资料。同时，还应加强文献研究和对古籍的开发利用，以此来展示古籍的重要价值。

二是深入开发。深入开发不仅是对古籍资料第一和第二次研究，而且还要相应地通过撰写论文展示其研究成果和使用价值，满足某些读者的实际需求。选择古籍原始文件的内容，要根据参考材料和其他专题研究工具，再依据不同类别的人，特别注意开发和发行电子在线出版物、仿版古籍，也可以开发同样的微版、影印版、复制版等，用来满足各类读者的需要，同时也要满足人们欣赏和收藏古籍的艺术价值、研究和收集的价值需要。

四、古籍文献保护与修复存在的问题和不利因素

第一，现代人们关于保护与修复古籍和文献的意识还是较薄弱的。在对古籍相关数据进行调研分析后，将调研结果提交省级或国家级的研究和收藏单位。上海市部分图书馆、哈尔滨市部分图书馆、辽宁省部分图书馆，以及一些高校图书馆，如北京大学、清华大学和南开大学等一些大型图书馆针对古籍的保护、整理、开发都做得比较好，但绝大多数图书馆对古籍仅以"收藏"和"使用"为重点，而忽视了古代典籍的保护和修复，更谈不上有计划的开发。

第二，登记不完备。古籍和文献资料的特殊性决定了现代图书馆对古籍不仅是分类、安排和指导，而且需要更复杂的回收方法。相关工作人员，甚至工作经验丰富的研究人员也会有疏漏，严重影响到研究、开发和使用古籍资料资源。

第三，大多数保存古籍的环境和设施条件，以及保护古籍的设备都比较落后，不利于收集旧书籍和现代书籍。

第四，有无数的古籍和文件的基础受到严重损害，由于保护古籍和文件的基金短缺，各级图书馆和各类图书馆不提供保护古籍和文件的特别费用，也没有全职工作人员。

第五，由于缺乏合格的工作人员来修复古籍和文件，修复技术有可能面临失传的危险。一些图书馆虽都保存有古籍，但没有人能解决修复问题。

五、古籍保护与开发利用的措施

第一，建立和改进古籍收藏管理系统。古籍作为我国重要的文化遗产，其文化的传承属性和其历史价值是不可替代的。因此，保存古籍是一个历史性的使命，是国家对古籍的责任。应提高认识，有组织地加强

古籍保护工作，认清历史责任，设立全职古籍保护工作岗位，以确保工作的顺利进行；应视需要建立图书馆的古籍图书管理系统；应建立问责制和奖励制度，以及古籍阅览制度，以便为人们的古籍资料科研和文献挖掘提供基础。

第二，在加强对古籍和文献保护的基础上，每个机构都必须侧重于古籍和文献的开发和使用。特别是古籍的收藏组织，更要加强对地方史志资料、民间艺术、非物质文化遗产和其他古籍的信息和咨询服务，并提高工作人员的服务水平。

第三，社会各阶层的参与。古籍和文献的保护不仅是图书馆的工作，而且也是一项需要整个社会参与的工作。历史、县志、政协以及文化管理的其他相关部门，都要积极动员干部、知识分子、艺术家和其他热爱古籍文献的人，群力群策，建立一个更广泛的古籍保护网络，这是人们保护祖先文化遗产的责任。

第四，大力发展对古籍和文献的咨询与开发工作。应该改变传统的管理方式，以扩大读者的范围，满足读者的要求，以及科研工作者的需要。不仅必须满足读者的一般性咨询需求，而且还需要了解新的技术手段，以提高古籍和文献咨询服务的质量。

第五，建立古代典籍数据库。图书馆应将现代计算机技术和现代多媒体技术结合起来，为阅读者提供令人满意的古代典籍知识服务，以促进古籍和古代文献的开发与使用。各图书馆应当建立一个古籍数据库，以更好地满足人们对古籍资料阅读和研究的需要。

第六，进一步改进古籍开发和使用的服务内容。为了今后更好地开发与使用古代典籍资料，首先有必要建立一个古籍资料数据库，在建立古籍资料数据库的同时，利用网络实现互联共享，使全国各地的人们都能够在线查阅古籍资料数据库中的内容。建立古籍资料数据库还仅仅是初级目标，笔者认为，对古籍的深度发掘利用，编撰相关资料，创建古籍电子版资源，才是古籍文献后续工作应当担负起的责任。关于古籍文献的开发利用，还需要我们利用现代的知识和技术手段不断地进行完善。

我国在古籍的保护与利用方面还有很长的路要走，这些工作仅仅依靠专职的工作人员是远远不够的。在古籍和文献的收集、整理、修复以及利用等方面，还需要各上级领导部门的大力支持，更加需要社会以及人民集体的努力，从而使我们能够对古籍进行深度研究，并根据区域的历史特点积极发展和利用这些书籍。

第四节　传统文化教育体系构建与完善

一、完善中华优秀传统文化教育的必要性

中华民族传统文化源远流长，蕴含了宝贵而丰富的精神文化资源，是中华民族饱经磨难而生生不息的强大精神力量，是中华民族屹立于世界民族之林的基石，也是国家文化软实力的重要组成部分。

（一）优秀传统文化教育是解决现代社会精神迷失、道德失范的一剂良药

直至近代，中华传统文化一直是传统教育的重要手段，讲究因材施教、有教无类、尊师爱生等，同时也是传统教育的主要内容与材料，主要学习儒家经典。

首先，优秀传统文化教育的缺失造成社会群体精神迷失。传统文化教育重视塑造人的精神，将为学与做人、处事合为一体，求知的过程便是德行修养的过程。启蒙读物《三字经》，就涵盖了天文、地理、历史、民间传说以及道德内容，这些内容融为一体，使读者在知晓天文地理知

识、体味民间传说的同时明白做人的道理。同时，传统文化教育还强调"君子不器"的教育，所谓"形而上者谓之道，形而下者谓之器"，"君子不器"就是君子不能囿于学习一技之长，而应该志于"道"。儒家的道便是"修身齐家治国平天下"，以天下为己任，达到"内圣外王"的境界。孔子说"志于道，据于德，依于仁，游于艺"，意即首先要志存高远，心怀天下，其次在为人处世上要有德行，并在内心保有仁德，在此基础上，才能熟练学习礼、乐、射、御、书、数六艺。可见传统文化十分强调人精神的塑造与培养，强调教育要先塑造人的精神，再学习六艺等具体的技艺。而今天，现代教育学科划分得越来越细，知识传授得越来越多，却忽视了教育的根本——培养一个人格健全而有精神的人。当今的教育，重知识学习，重技术训练，培养了一批批科技人才、技术人才，却培养不出人文大师；培养出了一批批文学史家，却难以造就有世界影响的杰出文学家。当今重"器"而轻"道"的教育，是导致学生精神与信仰缺失的主要原因。虽然绝大多数学生从小就被教导要树立远大的崇高的共产主义理想，但是共产主义理想缺乏传统文化的根基，很难深入人心，往往只是流于口号。封建时代的士人信仰儒家思想，以建立大同社会为己任。近现代的仁人志士信仰民主与科学，要打破旧秩序，建立新中国。新中国成立后，中国人信仰马克思主义。马克思主义作为舶来品，虽然历经了中国革命的洗礼与考验，但是缺乏中国传统文化的深厚根基。而今天的教育中又缺乏实质的精神与理想教育，导致社会整体精神与信仰迷失，于是很多人都以追求金钱与物质享受为唯一人生目标，形成重享乐、好攀比、拜金等不良社会风气。

其次，优秀传统文化教育的缺失造成社会道德失范。传统文化特别强调道德教育，并将道德教育贯穿于学习的过程之中。子曰："小子何莫学夫《诗》，《诗》可以兴，可以观，可以群，可以怨。迩之事父，远之事君。多识于鸟兽草木之名。"通过学习《诗》，获得知识，修养品性。贯穿于学习过程中的道德教育是哪些内容呢？我们知道，传统文化中占主要部分的是儒家思想，而儒家强调的道德观主要是"仁、义、礼、智、信"，即所谓的"五常"，这是儒家提出的做人的基本道德准则。仁，即要有仁爱之心，"己欲立而立人，己欲达而达人"。要学会换位思考。义，即行事要公正合宜。礼，即行事要符合礼仪规范，礼是仁的外化。智，即要有是非之心，能明辨是非。信，即要诚实信用，"人而无信，不知其可"。孔子说："德之不修，学之不讲，闻义不能徙，不善不能改，是吾忧也。"讲究道德，修养品性，始终是传统文化教育的重点所在。《弟子规》中言："首孝弟，次谨信，泛爱众，而亲仁，行有余，则学文。"我们今天的教育也提倡道德教育，始终将德育放在首位，但是几十年来，我们一直推行的是大而全的道德教育，言传多，身教少，并且由于一些历史原因，传统的道德观念、道德规则、道德价值被抛弃，新的道德体系没有传统道德的铺垫与基石，尚未建立起来，所以德育效果并不明显。

面对精神迷失与道德失范的社会问题，只有加强优秀传统文化教育，以全方位的优秀传统文化教育去加强学生人格塑造，增强学生人文素养，才能逐步形成良好的社会风气。

（二）加强优秀传统文化教育是面向多元文化、增强中华民族文化认同的必要举措

就中华传统文化而言，文化多元并存与同化融合是文化发展史上始终存在的相互交织的两条主线。有春秋战国时期的百家争鸣，才有秦汉时期的大一统；有魏晋南北朝时期的文化大融合，才有隋唐时期的文化鼎盛与国家一体化；有辽金元少数民族文化入土中原的激荡与融合，才为中华文化中增添了更多的少数民族文化成分。21世纪的今天，全球一体化深入发展，传统的文化多元化也面临政治经济一体化所带来的挑战与冲击。在传统文化教育缺位的当今社会，面对西方现代化模式为参照的一体化在全球范围内的广泛渗透与扩充，我们的应对明显不足。今天的青少年，热衷于圣诞节、情人节、光棍节，却冷落中国的传统节日，鲜有人清楚清明节、春节的文化渊源。热衷于学习英语，却难以用汉语写出一篇优秀的文章。在当今文化多元化的交融中，传统文化教育缺位，导致了青少年痴迷现代化的西方文化，而不了解中国的传统文化。我们需要学习西方民主、创新等优秀文化，但是我们更需要在立足于我国优秀传统文化的基础上去学习西方。保持自己的良好基础，学习先进文化的最新成就，以促进自己民族文化的发展，不仅必要而且可行。只有立足于自己的优秀传统文化，广泛认同中华民族优秀文化，我们才能抵御西方文化的强势冲击，树立文化自觉。因为民族是一个主体，吸收外来文化要为民族服务，使我们这个民族更加发达兴旺。但是不能丧失民族文化的独立性，不能完全跟着人家学，应该发挥自己的主动精神和创造精神。在文化演变过程中，既要吸收外来文化，又要保持自己文化的独立性，这样文化才能健康地发展。

（三）加强优秀传统文化教育是践行社会主义核心价值观、实现民族复兴中国梦的动力源泉

党的十八大提出了"富强、民主、文明、和谐、自由、平等、公正、法治、爱国、敬业、诚信、友善"为价值取向的社会主义核心价值观。富强、民主、文明、和谐是从国家层面提出的价值目标；自由、平等、公正、法治是从社会层面提出的价值目标；爱国、敬业、诚信、友善是由公民个人提出的价值目标。这三个层面的价值目标立足于时代发展，是引领时代发展的精神旗帜。任何思想观念、价值理念的提出都不是毫无根基的，而是在不断发展的历史进程中长期孕育沉淀的结果。社会主义核心价值观的提出便是如此，它是以中国传统文化为深厚根基的。比如国家层面的价值目标"富强、民主、文明、和谐"便具有深厚的传统文化内涵。富强，是国家发展的首要目标。只有国家富强，人民才能安居乐业，国家强大，才能抵御外敌。同时，这也充分说明了"民为邦本，本固邦宁"的"民本"思想。中国封建社会虽然是人治社会，但是也讲求"民为贵，君为轻，社稷次之"的民本思想。可见，民主作为现代文明社会的一大基本价值，其也是有文化根基的。文明是社会发展水平高、有文化的状态，古代中国创造了光辉的东方文明，成为四大文明古国之一，今天，国家的发展目标也应该继承古代文明传统，创造出新的现代文明。和谐，是从古至今向往的理想社会。《礼记·礼运》就描绘了一个和谐的大同社会："大道之行也，天下为公，选贤与能，讲信修睦。故人不独亲其亲，不独子其子，使老有所终，壮有所用，幼有所长，鳏、寡、孤、独、废疾者皆有所养，男有分，女有归。货恶其弃于地也，不必藏于己；力恶其不出于身也，不必为己。是故谋闭而不兴，盗窃乱贼而不作，故外户而不闭，是谓大同。"①中国传统文化也强调天人合一，实现人与人、人与社会、人与自然之间的和谐。今天，构建和谐社会也必然是国家的价值目标。社会层面的"自由、平等、公正、法治"，公民个人层面的"爱国、敬业、诚信、友善"同样是对中华优秀传统文化的彰显与继承。

党的十八大之后，习近平同志提出了"中国梦"的重要指导思想和执政理念，并将中国梦定义为实现中华民族的伟大复兴，具体表现是"国家富强、民族振兴、人民幸福"，将个人、国家、民族的利益一体化。不论是社会主义核心价值观还是中国梦的重要指导思想，都根植于中华优秀传统文化。

二、完善中华优秀传统文化教育的主要内容

广义的文化是指人类发展过程中所创造的物质财富与精神财富的总

---

① 胡平生，陈美兰译注. 礼记·孝经 [M]. 北京：中华书局，2007：110.

和，因而文化包含物质文化与精神文化。而狭义的文化则主要指精神文化。精神文化，是指属于精神、思想、观念范畴的文化，是代表一定民族的特点反映其理论思维水平的思维方式、价值取向、伦理观念、心理状态、理想人格、审美情趣等精神成果的总和。精神文化是物质文化的核心，完善与加强中华优秀传统文化教育，当然主要是指精神文化，即中华传统的思维方式、价值取向、伦理观念与理想人格等，而这些内容大概可以归纳为自强不息的民族精神、修齐治平的家国情怀、崇德向善的道德追求和"内圣外王"的人格修养，这四点虽然不能完全概括中华优秀传统文化的主要内容，但笔者认为这却是中华优秀传统文化中最精华的部分，是传统文化教育最需要完善和加强的内容。

（一）自强不息的民族精神

自强不息是中华民族精神的核心体现，是中华民族能够自立于世界民族之林的核心动力。自强不息出自《易经·象传·乾》："天行健，君子以自强不息。"意即天体（日月星辰）刚强劲健地运行，君子也应该像天体运行一样，刚毅有为，努力进取，永不停息。这种自强、刚健有为的信念激励着一代代中华儿女推动历史文化向前发展。

就社会政治生活而言，自强不息的精神表现在对内反抗压迫，对外抵御侵略上。正是自强不息的精神，激励中华儿女一次次地推翻暴政，建立新的政权，推动历史发展；正是自强不息的精神，激励中华儿女一次又一次抵御了外来侵略，保卫了国家安全和民族尊严。

就对个人品格塑造和人生态度而言，自强不息的精神表现在坚守独立人格，不畏艰难、乐观积极向上的态度上。孔子十分重视"刚"的品格，他认为"刚、毅、木、讷，近仁"。认为"士不可以不弘毅，任重而道远"，认为"三军可夺帅也，匹夫不可夺志也"，并用自己不懈奋斗的一生诠释了自强不息的精神。孔子为了宣传自己的仁政思想，周游列国十四年，"斥乎齐，逐乎宋、卫，困于陈蔡之间"，即使面对生命危险，也具有一种天命自觉的乐观精神："文王既没，文不在兹乎？天之将丧斯文也，后死者不得与于斯文也；天之未丧斯文也，匡人其如予何？"虽然自己的主张最终在其有生之年没有被统治者采纳，但孔子晚年仍然致力于典籍整理和教育学生，以传播自己的思想。孟子主张："故天将降大任于是人也，必先苦其心志，劳其筋骨，饿其体肤，空乏其身，行拂乱其所为，所以动心忍性，曾益其所不能。"面对困苦境地，这便是一种乐观向上、积极进取的自强精神。"西伯拘而演《周易》；仲尼厄而作《春秋》；屈原放逐，乃赋《离骚》；左丘失明，厥有《国语》；孙子膑脚，《兵法》修列；不韦迁蜀，世传《吕览》；韩非囚秦，《说难》《孤愤》。"正是自强不息的精神，激励着先辈创作了光辉灿烂的中华文化。在社会主义革命与建设时期，革命先辈艰苦奋斗，自力更生，发扬"人一能之，己百之；人十能之，己千之"的精神，改变了一穷二白的局面，并在社会主义建设过程中，创造了"红旗渠精神""大庆精神""两弹一星"精神，这些精神都是对自强不息精神的继承与生动体现。

（二）"修齐治平"的家国情怀

家国情怀，即对家园、国家的深厚感情。就国家而言，家国情怀是公民对国家的认同与情感归属，是民族凝聚力的心理基础。就个人而言，家国情怀是自己感受到与国家相联系的精神纽带。完善优秀传统文化教育，弘扬和培育爱国主义精神，即要加强传统文化中家国情怀的熏陶与教育，而中华优秀传统文化中主要表现为"修身、齐家、治国、平天下"的家国情怀。中国传统社会是农业社会，是以血缘关系为主体的宗法专制社会，这种以血缘关系为基础的宗法社会与专制制度相结合，便形成家国同构的社会政治结构。国以家为基础，家是国的基本构成单位，治家便如治国，治国便如治家。《大学》中说："古之欲明明德于天下者，先治其国；欲治其国者，先齐其家；欲齐其家者，先修其身；欲修其身者，先正其心；欲正其心者，先诚其意；欲诚其意者，先致其知，致知在格物。物格而后知至，知至而后意诚，意诚而后心正，心正而后身修，身修而后家齐，家齐而后国治，国治而后天下平。"家是最基本的社会单位，治家是治国的前提，治国是平天下的前提。"孝者，所以事君也；弟者，所以事长也；慈者，所以使众也。"君与臣、官与民之间的关系都和父与子的关系类似，所以传统封建社会中，家庭的伦理原则便同样适用于国家。修齐治平的家国情怀激励了一代代中华儿女。

家国同构社会政治结构下的一些理论在现代社会或许并不适用，但是其强调对家庭、国家责任与担当的爱国主义精神却值得挖掘与发扬。修身——培养良好品德、学习文化知识，其目的是为"齐家"，即把家庭治理好。而"齐家"是为治国，即为了国家的稳定与发展，"家齐"而"国治"。"修齐治平"的理念将个人发展与家庭发展、国家发展乃至社会发展一体化，在今天具有积极意义。传统文化中修齐治平的家国情怀教育目标主要便是培养爱家乡、爱祖国的情操，树立"齐家"而"治国"的理想，这比空泛地强调要树立"做社会主义事业建设者和接班人"的理想要现实和有效得多。从爱亲人、爱家庭做起，进而扩展到爱家乡，爱祖国。从培养家庭观念、乡土情怀做起，进而增强对祖国、对民族的感情，这便是"修齐治平"家国情怀对今天爱国主义教育的最大启示。

（三）崇德向善的道德追求

崇德向善是中华传统文化的一大特质。儒家经典《大学》开篇便说："大学之道，在明明德，在亲民，在止于至善。"学习的首要目标，在于开发内心的"明德"，即发掘纯净的内心与道德精神，进而推己及人，去影响民众，让人们日新其德，并不断追求"至善"的人生境界。"明明德""亲民""止于至善"的"三纲"是《大学》提出个人修为的总目标，为了达到"三纲"的目标，《大学》提出了具体的修为方法，即"八目"："格物、致知、诚意、正心、修身、齐家、治国、平天下"，诚意、正心、修身，即培养良好的道德，这是齐家、治国、平天下的前提与基础。通过修养自身德行，并加以推广，进而实现天下大治的伦理政治之道，是儒家思想的核心，而儒家思想在中国传统文化的发展过程中，占据统治地位，所以"它的这种崇德特质深深影响了中国文化，使中国文化也具有了鲜明的德行主义特点，崇德向善成为中国文化的重要特征"①。

传统文化的道德观主要来源于儒家，儒家的道德观非常丰富，总体看，主要包含"仁、义、礼、智、信"，这也就是由董仲舒提出的"五常"，即五种普遍的、恒常的道德。五常，是由孟子的"四端"（"恻隐之心，仁之端也；羞恶之心，义之端也；辞让之心，礼之端也；是非之心，智之端也。"）发展而来的。四端，即由人天生的四种善性发展而来的四种道德，是儒家崇德向善特质的集中表现。在完善传统文化教育的过程中，要大力推进传统道德教育，笔者认为尤其要突出传统道德中"仁爱""义以为上""诚信"教育。

所谓仁，即"仁者爱人""己所不欲，勿施于人""己欲立而立人，己欲达而达人"，人与人之间应相互亲爱、换位思考，它是孔子推崇的最高的道德准则。"仁"的内涵很广，"子张问仁于孔子。孔子曰：'能行五者于天下，为仁矣。''请问之。'曰：'恭、宽、信、敏、惠。恭则不侮，宽则得众，信则人任焉，敏则有功，惠则足以使人'"。对人恭敬、宽容他人、信守承诺、发挥自己的才智、宽厚待人，能做到这些，就可谓仁人了。"仁爱"教育是缓解当今社会人与人之间关系紧张的有效之道。

儒家讲求"义以为上"的义利观。"君子喻于义，小人喻于利"，对

---

① 肖群忠. 儒家道德的当代价值［J］. 中国德育，2014（8）：35.

义利的态度是君子和小人的分野；"君子谋道不谋食，君子忧道不忧贫"，君子担忧的应当是道义，而非物质享受。在儒家的道德观中，义作为一种普遍的道德原则，是超越个人狭隘利益而重视社会整体利益的。当然，"义以为上"的义利观也并不否认个人的正当利益。"天之生人也，使人生义与利。利以养其体，义以养其身。心不得义不能乐，体不得利不能安。"义与利都是人不可缺少的两个方面，但是应当坚守"君子爱财，取之有道"的原则，坚持"以义制利"，达到义与利的和谐统一。

传统文化还看重诚信的价值。"诚者，天之道也；思诚者，人之道也。"诚是自然的规律，追求诚，是做人的根本原则。内心真诚，方能言而有信。"人而无信，不知其可也。""事父母，能竭其力；事君，能致其身；与朋友交，言而有信。"（《论语·学而》）"古者禹汤本义务信而天下大治，桀纣弃义背信而天下大乱。"无论是为人、交友，还是从政，都要求人讲究诚信。唯诚信，方能立人，诚信是做人的根本准则。

（四）"内圣外王"的人格理想

所谓"内圣外王"，即内里具有高尚的人格修养，崇高的德行，而能够发挥自己的德性与才干，施行"王道"，实现"治国平天下"的大业，即孔子所说的"修己以安人，修己以安百姓"。"内圣外王"是儒家将道德与政治相统一的一种理想人格。"内圣外王"这一人格追求在今天还有无现实意义是很多学者争论的一个话题，笔者认为，在当代社会，我们进行传统文化教育，"内圣外王"的人格理想是有现实意义的。

简要地说，"内圣外王"为我们树立了以德为先的人格理想，并将人格理想、个人价值与社会价值联系起来，有助于增强责任意识，实现个人价值，创造社会价值。"内圣"即要求修养自身品性，也就是《大学》讲的"明明德"，通过"格物、致知、诚意、正心、修身"来发掘与培养自身美好的德性，在修养过程中，去"齐家、治国、平天下"，"修齐治平"能够做到哪个阶段，就得看个人修养功夫达到哪个程度。德行修为的过程同时也是实现个人价值的过程，在实现个人价值的过程中创造社会价值。这样一种由"内圣"加"外王"两个维度的统一，就将人格塑造、个人价值的实现以及社会价值的实现一体化。无疑，这样一种人格修为过程于个人、国家、社会都是有益的，有益于建立稳定和谐的社会秩序。

塑造"内圣外王"的人格理想是当代德育的必要补充，也应是德育的理想目标。我们知道，"现代德育目标的设置建立在全球化背景和科技发展带来的工具理性观念之上，讲求实然层面的效率因素，因而更为注重受教育者身心健康，其次才是对其道德修为的培养"①。现代的德育讲求培养健全人格和身心健康，关注的是人性与道德的"实然"层面，更多关注的是权利，在这样一个过程中容易弱化道德对个体生命的启迪作用。而以"内圣外王"为理想人格的德育讲求道德的"应然"层面，你生来就应该这样做，这是义务，虽然有些要求标榜过高，但却有助于培养人格与道德的崇高感，能够强化道德对个体生命的启迪作用。所以，在现代化的德育过程中，加入"内圣外王"人格理想教育，有助于在强调心理健康、健全人格培养的同时，把握受教育者的道德心理，完善道德人格。

三、多措并举，建构优秀传统文化教育体系

2023年6月新修订的《中华人民共和国教育法》第七条明确规定"教育应当继承和弘扬中华优秀传统文化、革命文化、社会主义先进文

---

① 王因. 先秦儒家"内圣外王"理想人格及其现代德育价值研究［D］. 上海：华东师范大学，2013：53.

化"。中共中央办公厅、国务院办公厅2023年10月印发《关于加强新时代中华优秀传统文化教育的实施意见》，首次提出将传统文化教育纳入国民教育"五大体系"。包括之后教育部出台的一系列政策中，都提到要加强学生中华优秀传统文化教育。

（一）将优秀传统文化教育纳入国民教育体系

首先，要制定和完善相关政策法规。立法和教育机关要修订、完善相关政策法规，将优秀传统文化教育作为国民教育的基本内容，不再是作为其他知识的有益补充。比如将传统文化教育内容落实到各级各相关科目的教学大纲中，针对不同年龄段选取适合的传统文化内容进行教授学习。《完善中华优秀传统文化教育指导纲要》便提出分学段有序推进中华优秀传统文化教育：针对小学生低年段开展传统文化启蒙教育，培养其热爱中华优秀传统文化的情感；针对小学生高年段重点培养其对中华优秀传统文化的感受力，使其具备一定的认知能力；针对初中学生重点培养其对中华优秀传统文化的理解力，引导其对中华优秀传统文化的认同感；高中阶段则培养其对中华优秀传统文化的理性认识，感悟中华优秀传统文化的深刻内涵；大学阶段，则提高学生对中华优秀传统文化的自主学习和探究能力，增强学生传承弘扬中华优秀传统文化的责任感和使命感。同样，相关教学大纲也应当分学段作出相应调整，把中华优秀传统文化教育的实质内容纳入教学目标与计划。

其次，要做好相关教材建设与课程建设。当前，中华优秀传统文化教育的教材体系建设取得显著进展，但仍须进一步完善。根据教育部2023年12月发布的《中华优秀传统文化进中小学课程教材指南》针对教材和课程均提出了新要求，但这仍旧不能满足当前完善中华优秀传统文化教育的需求。所以，应当建立适合不同阶段学生的优秀传统文化教材体系。在形成完整的教材体系以前，逐步有计划地加大现有教材中优秀传统文化内容的比例也是必要的。此外，由于之前传统文化教育的专门课程少，一般都融合在语文、历史等课程内容之中，因而加强传统文化教育的课程建设也很有必要，要探究适合于传统文化教育的课程结构、课程模式。

最后，要做好相关师资建设与校园文化建设。师资队伍对于提高教学质量的重要性不言而喻，对于传统文化教育的师资建设也亟待加强。高等学校可以借助中文系、历史系、哲学系相关的师范专业适当培养从事中小学传统文化教育的师资。同时，现有中小学的语文、历史、政治等科目的教师作为推行传统文化教育的主力军，也应该加强对他们的教育与培训，应当建立相关教育培训体制，提高传统文化教育师资质量。作为学校，在推行传统文化教育的过程中，还应该以优秀传统文化为根基，加强自身的校园文化建设，从优秀传统文化中吸收营养，打造丰富多彩的校园传统文化生活，加强自身文化发展。

（二）重视家庭、学校、社会教育相结合，营造良好的优秀传统文化传承氛围

完善优秀传统文化教育，发挥优秀传统文化在净化社会风气、提升全民道德方面的作用，除了将中华优秀传统文化教育纳入国民教育体系外，还应当重视家庭教育和社会教育，将家庭、学校、社会教育结合起来，充分发挥各自的功能，才能营造良好的优秀传统文化传承氛围。

首先，家庭教育是优秀传统文化教育的起点，也是传统文化教育的行为系统。家庭教育对人的影响是首要的，也是最深远的。家庭教育在传统文化教育中更加注重身教，即以家庭成员的行为去影响人。中国传统文化中关于"礼""德"的部分很大程度上都是通过家庭成员的行为潜移默化地影响孩子的。所以，在传统文化家庭教育中，家长要转变观念，重视传统文化对孩子的塑造作用，系统地教授中华优秀传统文化中的礼仪和道德观念，注重待人接物、为人处世的生活习惯和人生哲理教育，并在日常生活与行为处事中起到垂范作用，将知礼、守礼、有礼、有德上升到家庭或家族文化的高度，使家庭成为优秀传统文化传承与教育的重要场所。

其次，学校教育是优秀传统文化教育的中心，也是传统文化教育的知识系统。相比于家庭教育，学校教育在优秀传统文化教育过程中主要承担知识传播的功能。在传统文化教育中，学校传播的知识是最系统的，通过学校教育，要使学生体会到中华文化的独特魅力，培养学生对中华优秀传统文化的认同感，让学生树立民族文化自信，自觉地去传承与创新中华优秀传统文化。当然，学校教育在重知识传授的同时，教师的行为模范作用也不可或缺。

最后，社会教育是优秀传统文化教育的重要组成部分，也是传统文化教育的价值导向。在加强家庭教育、学校教育的同时，社会也应当加强优秀传统文化的宣传与倡导，起到良好的价值导向作用。比如通过报纸、电视、网络有意识地宣传中华优秀传统文化，通过各种类型的节目与活动普及传统文化知识。各种媒体和博物馆、文化馆等文化单位更是应该起到普及、宣传中华优秀传统文化的中坚作用。

总之，我们应以《纲要》的颁布实施为契机，明确完善中华优秀传统文化教育的紧迫性与必要性，规划好完善中华优秀传统文化教育的主要内容，将优秀传统文化教育纳入到国民教育体系，加强学校教育的同时，重视家庭教育与社会教育，使优秀传统文化得到良好传承，发挥其在当代社会的价值，实现中华优秀传统文化的复兴，实现中华民族伟大复兴的中国梦！

第五章
创新：中华优秀传统文化的当代发展

创新是中华优秀传统文化永葆生机的动力源泉。本章立足新时代文化发展的实践要求，深入探讨中华优秀传统文化创造性转化与创新性发展的理论内涵与实践路径。通过分析非物质文化遗产的数字化保护，阐释传统文化元素与现代设计的融合，探索中医药文化传承创新与海外传播，重点研究创意体验视角下沉浸式文旅发展。唯有在创新中发展，才能让中华优秀传统文化焕发时代光彩，为民族复兴注入持久精神动力。

第一节　非物质文化遗产的数字化保护

随着数字技术的发展，利用数字化的方式进行非遗的保护已成为一个至关重要的途径。如何结合数字技术，改变当前非物质文化遗产的保护和传播方式，成为学术界关注的焦点。保护和传承非物质文化遗产，对于民族文化的可持续发展至关重要。随着数据库技术、物联网（IOT）、虚拟现实（VR）、3D扫描技术等信息技术的发展，数字非物质文化遗产保护方式迅速发展，如由文化管理部门和相关机构等组织建设非物质文化遗产公共文化服务平台、数据库和网站。数据库技术的非遗数字化服务平台，因其操作灵活、便于信息资源的存储和管理，成为非遗保护和传承的重要途径。

一、数字化技术在非遗保护中的应用

（一）数字化记录与存储

数字化技术通过音频、视频、图像等多种方式，全面而细致地记录非遗。这些记录不仅能够捕捉到非遗项目的独特技艺、表演形式，还能记录非遗传承人的言传身教和技艺传承过程。这些记录不仅具有极高的艺术价值，也为后续的研究和保护工作提供了宝贵的资料。数字化技术使得这些记录能够存储在数字档案中，为非遗项目的长期保存和传承提供了有力保障。数字档案具有容量大、存储时间长、便于复制和传输等优点，能够确保非遗项目的记录不会因为时间流逝或环境变化而丢失或损坏。同时，数字档案还具备强大的检索和查询功能，使得研究人员和爱好者能够便捷地获取所需信息。数字化技术还通过网络传播的方式，让更多的人了解并参与到非遗的保护中来。网络传播具有传播速度快、覆盖面广、互动性强等特点，能够将非遗项目的魅力展现给更多的人。通过在线展览、视频分享、互动体验等方式，人们可以更加直观地了解非遗项目的技艺和文化内涵，从而增强对非遗保护和传承的关注和参与意愿。数字化技术在非遗保护中还发挥了重要的教育作用。

（二）虚拟现实与增强现实

虚拟现实技术为非遗的展示和传承提供了全新的方式。通过VR设备，用户可以穿越时空，身临其境地置身于各种传统文化场景中。无论是古老的庙会、传统的手工艺制作现场，还是具有民族特色的歌舞表演，都能以逼真的方式呈现在用户眼前。这种沉浸式的体验不仅让用户感受到了传统文化的魅力，更让他们对非遗有了更深刻的理解和认识。同时，增强现实技术则通过融合虚拟信息与真实世界，为非遗的传承提供了更多可能性。通过AR设备，用户可以在现实世界中看到与非遗相关的虚拟元素，如历史人物的虚拟形象、传统建筑的三维模型等。这种虚实结合的方式不仅丰富了用户的视觉体验，更让他们对传统文化有了更直观的感受。虚拟现实和增强现实技术还通过互动性的增强，促进了非遗的推广。在 VR 和 AR 的支持下，用户可以参与到各种传统文化活动中，如制作传统工艺品、参与传统游戏等。这种参与式的体验不仅让用户在享受乐趣的同时了解了传统文化，还能激发对非遗的兴趣和热爱。

（三）智能识别与数据分析

随着科技的飞速发展，人工智能（AI）技术已逐渐渗透到生活的各个角落，包括在非遗保护领域的应用。由于种种原因，许多遗产面临着失传的风险。传统的保护方式往往依赖于人力，难以对大量的影像资料进行高效处理。AI技术的应用，则为解决这一问题提供了新的可能。通过 AI 技术，可以对非遗的影像资料进行智能识别和分析。借助深度学习等算法，AI能够自动识别影像中的关键元素，如人物、场景、动作等，并对其进行分类和标注。这大大减轻了研究者的工作负担，提高了资料处理的效率。AI技术还可以提取影像资料中的关键信息。通过对影像资料进行深入分析，AI能够揭示出其中隐藏的文化内涵和价值。例如，通过对一段民间舞蹈的影像资料进行分析，AI可以识别出舞蹈中的动作、节奏、服装等元素，并据此推断出舞蹈所表达的情感和意义。这些信息对于研究者来说是非常宝贵的，有助于更深入地了解非遗的内涵和价值。

二、非遗数字化保护的挑战

（一）技术挑战

非物质文化遗产数字化保护所需的设备种类繁多，包括高清扫描仪、专业相机、存储设备等。这些设备不仅价格昂贵，而且需要定期维护和更新，以保证其性能的稳定和高效。此外，随着技术的不断进步，新的设备和技术不断涌现，这也使得数字化保护的成本不断攀升。非物质文化遗产数字化保护还需要专业的软件支持。这些软件不仅能够对非物质文化遗产进行高精度的数字化处理，还能够对数字化数据进行有效的管理和分析。然而，这些软件同样需要不断更新和维护，以适应新的非物质文化遗产数字化需求和技术发展。非物质文化遗产数字化保护还需要专业的技术人员来操作和维护。这些技术人员不仅需要具备扎实的非物质文化遗产知识和数字化技术，还需要具备丰富的实践经验。需要对非物质文化遗产进行仔细的评估和检测，以确定最适合的数字化保护方案；同时，还需要对数字化数据进行有效的管理和保护，以防止数据丢失或损坏。

（二）可持续性问题

数字化保护工作的可持续性，依赖于持续的资金投入。非遗的数字化保护不仅涉及对遗产本身的记录、整理、存储和展示，还需要不断更新和维护数字化平台，以适应不断变化的技术环境。因此，资金的支持对于数字化保护工作的持续开展至关重要。文化保护机构和政府需要制定长期规划，将数字化保护工作纳入财政预算，并通过各种渠道筹集资金，确保数字化保护项目能够持续进行。技术投入也是数字化保护可持续性的重要保障。随着科技的不断发展，新的数字化技术和手段层出不穷，为非遗的保护提供了更多可能性。

（三）隐私与版权问题

在当下数字化浪潮席卷全球的背景下，数字化技术在非遗保护中的应用逐渐受到广泛关注。这一过程中涉及的个人隐私和知识产权问题，也引发了诸多关注和思考。如何在数字化技术的推动下，既有效保护非遗，又充分尊重和保护相关主体的隐私和权益，成为摆在人们面前的一道难题，这就需要认识到数字化技术在非遗保护中的重要作用。通过数字化技术，可以将非遗进行数字化存储、展示和传播，从而使其得到更广泛的传承和发展。在这一过程中，个人隐私和知识产权问题往往容易被忽视。个人隐私方面，数字化技术在非遗保护中的应用往往需要对相关主体进行采访、拍摄等记录工作。这些记录往往涉及个人隐私的泄露风险，如个人身份信息、家庭情况、生活习惯等。

三、非遗数字化保护的应对策略与建议

（一）加强数字化技术培训与推广

随着科技的不断进步，数字化技术为非遗的保护提供了广阔的空间。为了充分把握数字化技术带来的机遇，非遗保护工作者必须接受针对数字化技术的专业培训，增强对数字工具的理解和应用能力，进而更好地利用这些工具进行非遗保护工作。然而，非遗保护工作者在数字化技术方面面临许多挑战。许多保护工作者对于数字工具的使用并不熟练，甚至存在畏难情绪。这导致在面对数字化技术的时候，往往无法充分发挥其优势，从而制约了非遗保护工作的进一步开展。对非遗保护工作者进行数字化技术培训显得尤为重要。这些培训可以从多个方面进行。基础技能方面，教授使用数码相机、扫描仪等设备对非遗进行数字化记录。同时，介绍一些专业的数字处理软件，以便对采集到的数据进行整理、编辑和保存。高级应用方面，可以引导保护工作者了解并掌握虚拟现实、增强现实等前沿技术。这些技术能够为非遗的展示和传播提供更为生动、逼真的体验，使观众仿佛置身于现场，亲身感受非遗的魅力。通过培训，保护工作者可以学会如何运用这些技术，为非遗保护工作注入新的活力。通过针对数字化技术的专业培训，保护工作者将能够更好地理解数字工具的优势和应用场景，提高在实际工作中的应用能力。这将有助于更加有效地记录和保存非遗的珍贵信息，为后人留下丰富的历史遗产。同时，数字化技术的应用也将使非遗的展示和传播更加

生动、直观，吸引更多人的关注和参与，推动非遗保护事业的持续发展。

（二）开展公众参与项目

为了更好地传承和弘扬珍贵的非遗，要鼓励公众参与非遗的数字化保护工作。通过志愿者活动、工作坊等多种形式，可以让更多人了解非遗的重要性，并积极参与其中。非遗代表了历史、传统和民族精神，是共同的记忆和财富。然而，由于种种原因，许多非遗正面临着消失的危险。数字化技术作为一种有效的手段，可以将这些非遗以图像、视频、音频等形式记录下来，为后人留下宝贵的文化遗产。志愿者活动和工作坊等形式为公众参与非遗数字化保护提供了有效途径。通过参与这些活动，人们可以亲身体验非遗的魅力，了解数字化保护工作的具体方法和步骤。例如，志愿者可以参与到非遗的采集、整理、分类和数字化处理等环节中，通过实践学习和掌握相关技能。同时，工作坊可以为公众提供一个学习和交流的平台，让大家在轻松愉快的氛围中深入了解非遗的数字化保护工作。还可以通过举办讲座、展览等形式，向公众普及非遗的相关知识，提高大众对保护工作的认识和重视程度。通过这些活动，可以让更多人了解非遗的价值和意义，激发对文化遗产保护的热情和责任感。在鼓励公众参与非遗数字化保护工作的过程中，应注重培养专业人才和团队建设。通过加强培训和教育，可以培养出一批具备数字化技能和文化遗产保护知识的专业人才，为非遗的数字化保护工作提供有力支持。同时，加强团队建设，形成一支团结协作、充满活力的保护队伍，也是确保非遗数字化保护工作顺利进行的重要保障。

（三）建立数字化技术标准与指南

制定非遗数字化保护的标准和指南变得尤为关键，这不仅可以为保护机构和从业人员提供明确的操作规范，还能够确保数字化成果的质量和可持续性。制定非遗数字化保护的标准和指南，需要充分考虑非遗的多样性和独特性。非遗包括节庆活动、有关自然界的知识和实践以及传统手工艺技能等多种形式。因此，在制定标准和指南时，需要针对不同类型的非遗，制定不同的数字化保护方案，以确保其真实性、完整性和可持续性。非遗数字化保护的标准和指南应明确数字化保护工作的流程，包括非遗项目的调研、采集、整理、分类、数字化转化以及存储与展示等各个环节。通过规范工作流程，可以确保数字化保护工作的高效性和准确性，避免重复劳动和资源浪费。

为了提高数字化成果的质量，非遗数字化保护的标准和指南还应强调数据质量和元数据的重要性。数据质量是数字化成果的核心，包括数据的准确性、完整性、可读性和可用性等方面。而元数据则是描述非遗项目信息的数据，对于非遗的数字化保护和传承具有重要意义。在数字化保护过程中，应充分重视数据质量和元数据的建设，确保数字化成果能够真实、准确地反映非遗的原貌。非遗数字化保护的可持续性也是制定标准和指南时需要关注的重要方面。随着技术的不断发展和更新，数字化保护工作也需要与时俱进，确保数字化成果能够长期保存和有效利用。因此，在制定标准和指南时，应充分考虑技术的可持续性和可扩展性，为未来的非遗数字化保护工作提供有力的支持。制定非遗数字化保护的标准和指南还需要参考国内外相关实践经验和研究成果。在制定标准和指南时，可以借鉴这些实践经验和研究成果，以提高标准的实用性和可操作性。非遗数字化保护的标准和指南的推广和实施也是至关重要的。只有通过广泛的宣传和推广，让更多的人了解并参与到非遗数字化保护工作中来，才能够真正发挥数字化保护在非遗传承和发展中的重要作用。同时，还需要加强从业人员的培训和教育，提高数字化保护意识和技能水平，确保标准和指南得到有效实施。

数字化技术在非遗保护中展现了巨大的潜力和价值。通过数字化记录与存储、虚拟现实与增强现实、智能识别与数据分析等技术手段的应用，能够更有效地保护、传承和利用非遗，促进文化多样性的传播与发展。数字化保护过程中也面临着诸多挑战，如技术更新换代、可持续性问题、隐私与版权等方面的考量。针对这些挑战，需要采取一系列应对策略，包括加强数字化技术培训与推广、建立数字化技术社区、开展公众参与项目、建立数字化技术标准与指南、开展跨学科合作项目等，从而克服数字化保护中的困难，推动非遗保护工作向更高水平迈进。

第二节　传统文化元素与现代设计的融合

中华民族有着深厚的历史文明底蕴，形成了源远流长的优秀传统文化。传统文化元素在艺术设计中的应用，可以在艺术层面上推动传统文化的发展。因此，在中国传统文化元素应用过程中，应该注重传统文化精髓的体现，并通过各阶段的设计创新，将中国传统文化元素应用于艺术设计的领域中，使人们看到更加多元化的艺术输出，进而能够引领中国传统文化元素艺术设计理念向国际化迈进。

一、中国传统文化元素在艺术设计中的价值体现

中国传统文化元素在艺术设计中的价值体现可以从以下三个层面展开论述。

（一）将传统文化融入现代设计

中国传统文化元素的实践应用，是对民族文化与历史传统的重新审视，它是系统分析传统文化的视觉审美、构成体系及思维方式后，对艺术价值体系的重现构建，使现代艺术中含有创新元素与传统文化情结两个层面的内容，既可以满足当前大众的审美需求，又能展示传统文化的深厚底蕴和丰富内涵。

（二）以传统造型艺术影响设计理念

结合中国传统文化元素在艺术设计中的发展进行分析，传统造型艺术的理念对创新艺术设计影响颇深，中国传统造型艺术体现了传统文化的内涵，强调厚德载物、以人为本。在现代社会，艺术设计不单纯是为了营造视觉效果，更重要的是延续与创建文化内核。通过对中国传统文化元素的运用，在设计中融入和谐、均衡的理念，能够使设计作品更体现本土化的审美，视觉效果更加协调。

（三）以含蓄婉转营造深远意境

中国传统文化讲究含蓄内敛，这源于其中深厚的文化底蕴和内涵意蕴，在数千年传统文化的浸染下，欣赏曲径通幽之意，推崇宁静淡泊之志、含蓄委婉之美。过于直观的设计难免缺乏意蕴，因此在艺术设计时，可以将思维"转个弯"，通过结合中国传统文化的含蓄之美，间接地表达主题内涵，反而艺术设计会营造新奇的特点。

二、中国传统文化元素在艺术设计中的应用

（一）传统元素在平面设计中的应用

传统文化在现代社会的发展中意义、价值重大，随着社会的不断进步，更应做好传统文化的传承，现代平面设计中也要充分融入传统文化观念。因此，在进行平面设计工作时，应对传统文化进行深入、系统的研究与发掘，使设计作品既有本土文化特色，又能体现深厚的传统文化底蕴。相较于西方文化的直观性审美，我国的传统文化更具内在韵味，更有浪漫色彩，应该将这种优势融入平面设计中，通过对传统文化元素的运用，展现出传统文化的审美意味。如设计师在作品中融合江南水乡的青砖灰瓦色调，能够使平面作品更加凸显江南地区的人文情调，展现传统文化情怀，从而形成文化共鸣。传统文化融合现代设计的过程，也是彼此互相完善的过程，对传统文化符号与特征的借鉴，需要选择合宜

的传统文化元素融入其中，达到取其形态、传递含义，从而使艺术设计达到传神的效果。在现代艺术设计中充分运用中国传统文化元素，推进中华优秀传统文化与具有创新性的现代设计语言融会贯通，能使平面设计更具传承性、文化性，最终焕发出传统文化的生机与活力。

如在海报设计的过程中，可在纸品选择上融入传统文化元素，如选用有竹纹变化的宣纸、有毛边的传统手造纸，从而构成传统山水画的疏散意象，体现一种悠闲自得、无拘无束的生活态度，更有助于展现中国传统文化的艺术魅力。再如，北京奥运会标志也是一个典型的传统文化与现代艺术相结合的产物，象形的中国结、五环、五星及太极拳组合，生动形象地展示了标志的和谐美，也折射出历史文化的特征及审美价值取向。现代包装也有借助于传统文化进行创作的，将现代人的欣赏习惯与传统文化相融合，给人以质朴之感，凸显出传统文化在现代平面设计中的应用价值。

（二）传统元素在服装设计中的应用

体现中国传统文化设计的作品，往往能带来极高的艺术价值。在服装设计中灵活运用中国传统文化元素，以多种艺术形式进行处理，能够展现独特的文化魅力，丰富设计内涵，提升视觉效果，并吸引更多受众。设计师在设计的过程中，不仅要加强对中国传统文化元素精神内涵的理解，同时还要提升对中国传统文化元素图案象征含义的认知。中国的历史文化悠久，不同时期的服饰在服装设计上会呈现出不同的风格类型。细观中国古代服装设计中所运用的传统元素，会看到不同时期的中国传统服饰中艺术设计的变化，鉴赏者只要看到图案的样式，就能辨别出这一设计理念出自哪个时期。因此，在将中国传统文化元素应用于服装设计的过程中，应该提升设计者的文化内涵，加深其对中国传统文化元素的了解，才能在服装设计中合理运用相关设计元素，提升中式服装的文化艺术内涵，进而提升文化传播效果。

中国传统文化元素中蕴含着美好的寓意，例如，吉祥、喜庆、祈福、健康、长寿等，无不寄托着人们对于幸福生活的期盼。基于此，可以在服装款式的设计上，将传统的中式服装与现代服装相结合，以传统文化元素进行点缀，呈现动中显静的效果，从而使中式服装更加符合现代的审美与生活需求，并且在精神层面上，也能够满足人们的审美和文化需求。①同时，中国传统服装的款式要结合新时代的时尚潮流进行创新，以传统旗袍设计为例，短裙和分体款更加符合当前人们的审美，不仅能够通过巧妙设计弘扬中国优秀的传统文化，还能使受众加深对中国传统文化元素的喜爱，并提升艺术审美。

（三）传统元素在动画设计中的应用

当前，部分优秀国产动画的出现推动了中国传统文化元素的传承和发展，使新一代的年轻人提升了对中国传统文化元素的认知。动画是一种独特的艺术表现形式，不仅能够呈现多样性的视觉形态，还能引入多元化设计元素，以动画的形式展现不同的故事、道理、知识，展现中国传统文化特色，进而对传统文化的传承与发扬起到积极的作用。中国传统文化元素可应用于不同的场景设计及故事内容表现中，还可以通过创新的形式塑造卡通形象，提升与青少年的艺术互动。近年来，在动画设计的发展过程中，动画设计师们在设计和制作的过程中，对中国传统文化元素进行了充分运用，打造了各种极具中国传统文化特色的卡通形象。在中国动画电影领域，也涌现了众多运用传统文化元素，体现传统文化特色的优秀作品，备受观众喜爱。因此，要重视动画设计，并在其中积极融入中国传统文化元素，用各种诙谐、幽默、夸张的形式进行动画表现，使人们在轻松观看动画的同时，加深对中国传统文化的认知。

---

① 白荣. 民族传统元素在艺术设计中的应用研究［J］. 鞋类工艺与设计，2022，2（19）：56-58.

这种以展现中国传统文化内容为主的动画片更容易抓住部分观众的眼球，实现文化传播效果。目前，打造中国国产动画产业成了当下动画设计产业的新趋势，这是一种需要漫长时间积淀的艺术表现形式，需要相关从业者多方面的努力奋斗。

（四）传统元素在文创设计中的应用

中国优秀的传统文化元素在文创设计中具有较大的创新和创作空间。文创产品是以形态造势，以形态传意的过程，通过文创产品的设计与传播能够弘扬与传承传统文化。因此，设计文创产品应从抽象的形与具象的形两个方面传递传统文化的精髓，设计出既符合现代人审美观念，又实用、大方、美观的，能够突出传统文化底蕴的文创作品。在文创设计过程中，传统文化元素与文创设计实现相互交融，能提升文创设计的格局，包括工艺品、礼品、IP衍生品等，都可以有效突出中华传统文化设计元素的应用效果。例如，将传统文化元素融入礼品设计中，在色彩的搭配上，可以根据礼品的适用场合和风格特点，设计出符合中国传统文化美感的文创设计作品。同时，中国传统文化中的代表色彩众多，不同的颜色所表达的寓意也不同。因此，在实际设计过程中，要合理运用中国传统文化，才能实现更好的文化传播与交流效果，进而提升中国文创艺术品的艺术价值。例如，中国戏剧中的脸谱是最具中国特色的传统元素之一，在与文创作品融合时，可以通过色彩来增强文创作品的生命力和艺术价值。脸谱的色彩包括红、黑、白、紫、黄、金、绿、蓝。红色表忠贞，英勇，如关公。黑色表正直无私，如包公。白色在京剧中通常会对阴险、肃杀的人物进行勾勒，如曹操。每个颜色都对应着不同的寓意，在文创设计作品中，应用京剧脸谱能让广大艺术鉴赏者了解中国京剧艺术，作为中国影响较大的戏曲剧种，京剧也能因文创设计的传播而巩固其文化地位。

在文创产品设计过程中，设计者要依据自己的设计理念，对中国传统文化元素进行合理的设计与安排。这要求设计者对中国传统文化元素有深入的了解，才能在设计过程中灵活运用，将中国传统文化元素与现代设计审美实现有机结合，展现传统文化的艺术之美，使文创产品在中国传统文化元素的融入下，更具和谐的视觉美感及深厚的文化价值。

（五）传统元素在标志设计中的应用

标志设计是艺术设计的重要构成部分，标志在现代生活中无处不在，具有功能性、识别性、艺术性等基本特征，是一种独特的信息传达和文化传播方式。中国传统文化中的汉字、书法、印章、寓意、理念、图案、纹样等元素，适用于在现代标志设计中的应用。这里所说的应用不是简单的移植或原样照搬，而是根据标志所要传递的讯息，把传统元素进行变形、解构和重组，尝试融入新的元素，形成新的艺术形式和效果，最大化地保留传统元素的神韵，同时又凸显出标志设计鲜明的时代特征。例如，2008年北京奥运会的会徽，就是传统印章、书法、色彩、文化寓意等元素在标志设计中灵活运用的最佳例证。在传统文化视域下，印章是一种广泛使用的、体现诚信的符号，象征了中国对办好奥运会的庄严承诺，而会徽标志的主体部分，正是一个近乎椭圆形的传统印章图案；红色历来都被认定为中国传统文化的代表性颜色，因此标志背景即选用寓意吉祥、喜庆的红色打底；"京"字是传统篆书体，从象形字的角度来看，"京"字神似一个向前奔跑的运动员，表现出奋勇拼搏的体育精神，及对全世界友人的欢迎之姿；会徽标志的主图案下方，用毛笔书写"Beijing2008"的字样，把汉简中的笔画和韵味，融入国际字体中，流露出自然、流畅、简洁之美，从而彰显中国传统文化元素与标志设计的完美融合。[①]

---

① 闵泽鹏. 中国传统元素在现代艺术设计中的创新研究［J］. 艺术品鉴，2021（18）：63-64.

（六）传统元素在园林景观方面的应用

现代景观设计师运用古代花园的景物空间创造手段，丰富了现代花园的空间设计内容，营造富有层次感的花园氛围，并增强观赏审美作用。比如，在江苏的拙政园中，运用的框景和漏景的景观空间表现方法，中有镂空的墙体，透过墙上的空隙可观察远处的植被和风景；透过简约的灰白砖墙与透出大量绿色植物的水景，既体现出了园林景观的恬静典雅，又具有浓郁的中式风韵。传统色彩的运用：传统中式风格的颜料，一般分为中国红、玉脂白、青花蓝、水墨色和丹青等，一般在园林景观的亭、台、楼及阁等处使用鲜红和黑白，可营造出高贵的气氛。汉字在现代园林景观中的应用：汉字是中华民族特有的传统文明，历经了数千年的历史变化，每一笔画都独具含义。也因为汉字的特殊魅力和精神含义，被应用到各个领域。不少现代建筑园林景观设计者都把汉字元素创新性的运用在现代园林绿化工程设计中。比如，通过雕塑的方法表现汉字的美丽形体，增加了现代花园风景的艺术氛围；用汉字塑造了风景意象，使汉字的形态和内涵与现代花园风景有机地融为一体，从而增加了现代花园风景的文化性和艺术审美性。还有，对闭合式汉字的运用，如"园和围"等。以江苏畅园为例，畅园的内部结构为小圆封闭的圆环，中心有水池，四周则是亭、台、楼及榭等建筑，构成了一种大而集中的空间结构，像一个个闭合式的汉字，构成了特殊的花园景观空间。而且利用楷书、行书和草书等传统书法样式，作为园内景物的名字、亭台楼榭的名字和楹联及石刻美术等表现形式，以增强花园景致的艺术氛围。由于汉字博大精深，因此园林景观设计师们对汉字的运用也处在摸索阶段，可在实践中进一步发掘，以实现汉字的更大功能。

（七）中国传统元素在室内装饰中的运用

室内饰物的参与也是现代室内装饰中对传统元素运用的主要领域，设计恰当的现代室内装饰可以对室内装饰中总体的环境产生巨大的衬托效应，并具有画龙点睛的作用。在实际使用中，首先，要注重在饰物的选用上，必须要和室内装饰的总体格调和颜色基调相搭调，例如，书房的室内装饰如果是恬淡、休闲的格调，更适宜于放置竹、菊等绿色植物，但也应该尽量避免杜鹃花、月季花等颜色丰富明丽的花卉；其次，要防止带有中式传统元素的饰物的大量堆砌，因为中式格调并不能单靠中式传统元素的数量来营造，而是需要挑选合适的饰物，只寥寥一些，却瞬间就把整个书房的韵味给引诱了起来。

因此，中国的水墨风景画更能够表现出城镇定居者淡泊明志、平静致远的精神之境。我们应该把传统中国书画艺术特征与现代室内装饰的风格流动特点有机融合起来，把传统书法艺术特色运用到居室的电脑背景墙、沙发背景墙、书房的文化墙面、玄关图案等，从而使传统特色与现代风格相互和谐。在选用书画艺术产品时，需要与居室的环境因素、装修风格和居住者的人文品味、个性喜好等保持一致。

（八）中式传统元素在家居设计中的运用

我国是源远流长、渊博精深的中华民族文明国家，千百年来，众多优秀的传统文明被继承了下来，不但丰富了人们的眼界，洗涤了人们的灵魂，拓宽了人们的思维格局，更给许多现代作品的创造带来了宝贵的启示。在室内装饰中，家具的设计与使用也是营造居室格调的关键元素，我国古代的家居室内设计在明清二朝较为鼎盛，其中明朝的家居设计比较简洁，有着清秀端庄的特征，而清代的家居设计则比较华丽，手法也比较讲究。

在中国古代建筑中，颜色因素的运用非常普遍，可以认为，室内颜色是建筑设计理念和艺术特色最直观的反映。因此，金色的广泛运用可以创造出金碧辉煌的风格，代表了富贵和崇高的地位；红色主要表达热烈和欢乐，是中国颜色元素中最有表现力的颜色。设计者在进行室内装饰中，可以参照借鉴古代室内装饰样式和颜色组合，并融合现代的形式，把中国的元素在室内装饰上淋漓尽致地表现出来。

墙面装修艺术在室内设计中的运用。现如今的中国家居都喜欢设计电视墙，由于其在客厅会给人带来第一个和更加深远的印象。因此电视墙可包含各种中华传统文化元素，悬挂着一幅水墨画、国画，给人一个自由空灵的感受。其中常用的图案均为我国民众所喜爱的中国风格，多姿多彩，给家庭生活增加了不少乐趣。中式灯具艺术在室内装饰中的运用。灯具是我国室内装饰至关重要的元素。在一个角落放置一盏花灯或是画着我国传统图画的小灯笼，增加了古韵。而淡淡的光线又与影子交相辉映，中国风强烈，渲染出高雅的气氛。一个简洁的灯，其功能并不单一，更可称为室内装饰中的点睛之笔。同时，由于仿古瓷砖在中国居室装修中广泛的运用，所以对于某些不适宜用实木地面的居室，如浴室、厨房，仿古瓷砖也是一个很好的选择，依然能够表现出中式风的家居格调。而简洁朴实的瓷砖可以给中式家居锦上添花，合理的配色也更加协调统一，充分彰显我国传统古韵，也更具有艺术吸引力。

第三节　中医药文化传承创新与海外传播

中医药文化是中华优秀传统文化的重要组成部分，凝聚着中华民族几千年的医学智慧和养生哲学，是中华民族的瑰宝。近几十年来，针灸、中药和太极等中医药疗法的全球化传播，极大地提升了中医药文化的国际地位，民众越来越认识到在现代化和全球化背景下保护和振兴中医药文化的重要性。中医药文化外化于中医药治病防病及健康养生，内化为中华文化价值，是最具中国气质与中国品格的文化资源，是中华文化软实力的重要代表。保护和振兴中医药文化，是弘扬中华优秀传统文化、提升民族自信与文化自信、增强文化软实力、建设文化强国的时代所需。在新时代的大潮中，如何把握机遇、迎接挑战，让中医药文化在传统与现代的交融中焕发出新的活力，成为摆在我们面前的重要课题。

一、中医药文化的传承与发展意义

在现代社会，中医药文化的传承与发展对于满足人们多元化的健康需求、提高健康水平具有不可替代的作用。通过传承中医药文化，可以深入领略其独特的魅力，进一步激发人们对中医药文化的热爱，增强文化自信，为人类健康事业作出巨大贡献。

一是增强文化自信。中医药文化根植于中华优秀传统文化的深厚土壤，凝聚着中华民族与疾病斗争的智慧结晶，促进了中华民族的繁衍生息，体现了中华民族对生命、健康和自然的独特理解。通过深入挖掘和传承中医药文化，能够更好地认识和理解中华民族的历史与文化，从而增强民族自豪感和文化自信。同时，随着全球化的推进，中医药文化在国际舞台上的影响力逐渐增强，这也为提升国家文化软实力、推动中华文化走向世界提供了有力支撑。

二是促进人类健康事业发展。中医药文化注重整体观念和辨证论治，强调预防为主、治疗为辅的理念，这与现代医学理念相契合。在现代医学面临挑战和困境时，中医药文化的传承与发展为人类健康事业提供了新的思路和方向。通过传承中医药文化，我们可以挖掘出更多具有显著疗效、副作用小的中药材和方剂，为人类健康事业提供更多元化、更全面的医疗手段。同时，中医药文化所倡导的预防理念也有助于增强人们的健康意识，促进健康生活方式的普及。

三是推动中医药产业创新。深入挖掘并传承中医药文化，不仅能够为中医药产业的创新发展提供源源不断的资源和灵感，更有助于推动这一古老而深邃的医学体系焕发新的生机。同时，借助现代科技手段对中医药进行深入研究和开发，也是推动中医药产业创新发展的重要途径。

通过现代科技手段的运用，可以更加深入地了解中医药的作用机制和疗效机制，为中医药的临床应用提供更加科学、客观的依据，为中医药产业的可持续发展提供保障。

二、中医药文化传承创新发展面临的困境

在国家高度重视中医药文化保护与传承的背景下，政策引导和公众参与共同铸就了一条宽广的发展路径。在现代科技的融合推动下，中医药文化传承与发展正焕发新的活力。然而，各级一线单位的实践反映出制约发展的一些瓶颈问题，包括软硬件短板、文化软实力开发力度不足、传播推广方式局限以及"两创"进展乏力等，亟须深入研究并寻求破局之法。

（一）中医药文化保护传承短板明显

中医药文化的保护与传承是推动"两创"的关键基础，涵盖了物质与非物质文化的保护传承。目前，中医药文化的保护传承在软硬件方面存在明显短板。在物质文化方面，中医药文物的保护和利用尚不充分，中医药古籍资源底数不清；许多收藏单位缺乏恒温恒湿等保存设施，导致部分古籍受潮、霉变、虫蛀等；大量古籍文献没有得到有效开发和充分利用[①]；部分中医药相关的生产工具、诊疗器具等实物，也因保护不力、标准不明确、缺乏专业人才等原因遭受损毁或流失。在非物质文化方面，传承人普遍年纪较大；传承方式主要依赖口耳相传、口传心授；随着科学技术的进步，诸多中医药传统技艺逐渐被现代化生产工艺所代替，传统技艺面临失传，传承后继乏人、体系断裂。

---

① 陈仁寿. 中医药古籍整理现状与关键问题探析 [J]. 南京中医药大学学报（社会科学版），2022，23（3）：165-170.

（二）中医药文化资源开发力度不足

中医药文化资源是我国独有的宝贵文化遗产，从时间跨度来看，历史悠久、底蕴深厚；从空间分布来看，分布广泛、种类多样。既有中医药古迹、名医故居、中医药堂馆、中医药文献、中医药器具等物质文化资源，又有医学流派、医疗技艺、药物炮制技艺、中医药生活方式等非物质文化资源[1]，蕴含着巨大的历史人文价值，有广阔的开发转化空间。但目前中医药文化资源的文化价值和经济价值开发严重不足，由于缺乏有效的保护和开发策略，许多中医药文化遗迹面临损毁或湮灭[2]，中医药老字号品牌日益衰退，而药膳、药饮、药妆等创新产品的研发尚未能满足市场的需求。

（三）中医药文化传播推广方式存在局限

当前的中医药文化传播仍以书籍、讲座、展览等传统媒介宣传为主，存在较多局限[3]。国家中医药管理局对2022年我国公民中医药健康文化素养水平的调查显示：电视仍然是大众获取中医药健康文化知识的主要渠道[4]。传统媒体受时间和空间的限制，传播速度慢，传递效率低；传播范围有限，受众面窄；内容单一，互动性低；国际化传播渠道不足。现有的传播推广方式缺乏对中医药文化的整体性、系统性宣传，对中医药思维方式、核心理念等文化输出不足，对中医药文化内涵挖掘和时代阐释不够，制约了中医药文化的全民化普及和国际化发展。

---

[1] 张其成. 中医药文化资源亟须全国性普查 [N]. 光明日报，2019-04-14（6）.

[2] 刘洪，李文林，张洪雷，等. 江苏中医药文化遗迹现状及保护措施探析 [J]. 南京中医药大学学报（社会科学版），2019，20（4）：237-240.

[3] 毛嘉陵. 中国中医药文化发展报告（2020）[M]. 北京：社会科学文献出版社，2020：142.

[4] 李芮. 我国公民中医药健康文化素养水平持续增长 [N]. 中国中医药报，2023-07-20（1）.

三、中医药文化传承与发展的实现路径

为了应对中医药文化传承与发展中面临的挑战，需要深入探索和实践，将传统中医药理论与现代化发展有机结合，推动中医药文化的传承与发展。

（一）加强对中医药文化的宣传和推广

通过各种渠道和形式，可以提高公众对中医药文化的认知和认同度。如举办中医药文化讲座、制作中医药文化宣传片等，利用社交媒体等平台，向公众展示中医药文化的独特魅力和实践价值，让更多的人了解中医药文化的价值和意义。同时，还可以举办中医药文化展览，开展中医药文化体验活动，让公众亲身体验中医药的独特魅力，了解中医药文化的历史发展和现代成果；与旅游部门合作，开发中医药文化旅游线路，让更多的人在游览中了解中医药文化。

（二）利用现代科技手段挖掘中医药资源

可以利用现代科技手段挖掘中医药的潜在价值，提升其科学性和有效性。通过建立跨学科的研究团队，将中医药与现代医学、生物技术、信息技术等相结合，开发出新的治疗方法和药物。利用大数据、人工智能等现代科技手段，对中医药文化资源进行数字化处理，建立中医药数据库和信息系统，方便人们进行检索和查询。这不仅可以提高中医药文化的传播效率，还可以为中医药的临床应用提供数据支持。同时，通过智能化技术的应用，还可以对中医药的疗效进行精准评估和预测，为中医药的现代化发展提供有力支撑。

（三）创新中医药人才培养模式

改革中医药教育体系，注重师承教育与现代教育相结合，培养一批既懂中医药理论又掌握现代科技手段的复合型人才。他们将成为推动中医药文化传承与发展的重要力量。这需要加强对中医药教育机构的支持

力度，提升中医药教育水平和质量。鼓励高校、科研机构等加强中医药领域的合作与交流，更好地挖掘和整理传统中医药文化资源，提高其传播效率和影响力，为中医药文化的现代化发展提供有力支撑。这也将有助于推动中医药文化在全球范围内的传播和应用。

（四）保护中医药非物质文化遗产资源

在世界文化遗产保护意识越来越强的大环境下，中医药非物质文化遗产是中华优秀传统文化的重要载体，亦是我国非物质文化遗产的重要组成部分。首先，可以通过建立完善的保护机制，对传统医药知识和技艺进行系统整理和保护，确保其不被遗忘。其次，可以对中医药非物质文化遗产进行数字化记录，建立数据库，方便学者和研究人员查阅和研究。鼓励和支持中医药传统技艺的传承人，为传承人提供政策和资金支持，帮助他们开办培训班和讲座，通过师承教育等方式，吸引更多年轻人学习和传承中医药技艺，将宝贵的经验和技能代代相传。中医药文化的传承与发展已经取得了显著的成果，众多成功的实践案例为我们提供了宝贵的经验和启示。例如，一些地区通过中医药文化节、建设中医药文化博物馆等方式，邀请众多中医药专家开展专题讲座，宣传和推广中医药文化。这些活动不仅吸引了大量公众的关注，为公众提供了与专家面对面交流的机会，也提高了人们对中医药文化的认知度和认同感，进一步增强了公众对中医药文化的信任和认可。这些活动注重挖掘和整理传统中医药文化的资源，保持其原汁原味。这包括对传统中医药典籍的整理、对中医药理论的深入研究以及对传统诊疗方法的传承等。只有深入挖掘和整理这些资源，才能更好地传承和发展中医药文化。

四、中医药文化海外传播的困境及解决

（一）中医药文化海外传播的困境

美国心理学家布朗芬布伦纳认为，任何发展中的个体都是在与环境

的双向作用过程中不断适应和变化，与环境发生共建关系。外派中医师的跨文化传播实践与社会环境和个人因素密不可分。中医师在海外传播中医药文化的过程中遇到了来自社会、组织和个人三个层面的问题与挑战。

1. 社会层面

在异国他乡工作的医务群体面对的压力之一就是海外医疗工作环境和实践标准与本土医疗环境之间有显著差异。阻碍中医师传播中医药文化的社会因素主要体现在当地的法律法规以及规章制度束缚和限制了中医师的职业实践，"人为设置了门槛，使得他们成为没有处方权、没有药品的光杆医生"①。

第一，国际国内对中医地位的认定不同。国内强调中西结合和中西并重，而在海外，中医作为民族传统医药被看作是补充医疗或者替代医疗的组成部分，处于现代医疗体系当中的从属地位。最直接的表现就是国内外对中医诊治的方法和手段做了不同的规定。在国内，中医师可以借助现代仪器设备和检测手段获得必要的医疗参考数据。但在海外，中医师无权开具西医的检测检验单，主要依靠"四诊合参，望闻问切"以及个人的经验进行初步诊断，或者只能请病人先去西医医院做好相应的检查再来接受中医的治疗。

第二，中医师的处方权受限。在国内，中医师既可以开中药，又可以开西药。而在海外，中医师的处方权受到严格的限制。这源于国外法律法规对于中药材的严格限定——只有获得欧洲OTC（非处方药）或者美国FDA（食品药品监督管理局）认证的药材才能进口或者在临床使用。科学标准成为了现代医学语境下的话语权力，用西药的标准强势规

---

① 高良敏. 行动者视角：援非医疗队制度与实践的边界［J］. 中山大学学报（社会科学版），2022（6）：162-175.

训中药，忽视了中药成分复杂的特性。比如中医在临床上常用的"三黄"——黄芩、黄连、黄柏，针对当地气候特征，具有清热凉血的良好功效，但是这些药材却被认定为有毒药品，禁止使用。

第三，经济原因影响患者的就诊量和中医药文化在当地的推广。多位受访中医师提到，就诊量与患者的经济收入关系密切。如果挂号费、诊疗费便宜，尤其当费用可以进入当地的医疗保险体系时，配合以良好的疗效，病人就会越来越多。尤其在可以享受免费公共医疗的对比之下，自费令许多患者对中医中心望而却步，也阻碍了中医药在当地的推广。

2. 组织层面

从组织层面而言，外派中医师同时面对内部支撑力和外部压力双向作用。从内部因素来看，国内外派机构的支持和协调力度对外派医师的认同感和归属感、对中医药文化在当地的传播效果都产生重要的影响。而更大的挑战则来自外部。首要压力就是合作方对门诊病患量的考核。这既是出于对投资与回报的经济考量，又是检验中医药疗效的主要指标，还是反映中医药在当地的接受程度和传播效果的重要依据。此外，中医师代表的中方与外方合作机构形成了斗智斗勇合作共赢的关系。

3. 个人层面

从个人层面而言，外派中医师遇到的困难和挑战包括：①对医师角色的困惑；②对临床发挥的担忧；③对沟通能力的不确定。

首先，中医师在海外不仅只是医者，他们要承担宣传推广、公共外交、后勤管理等多项任务，往往要扮演自己所不熟悉或者不擅长的角色，而这些工作在国内是有专业的部门分工和人员协同。

其次，中医师在海外要治疗和处理各种各样的病患和五花八门的病情，再加之受当地规章制度的限制，对中医师个人的专业诊断和行医用药能力提出了更高的要求，带来了更大的挑战。再者，虽然外语语言水平是选拔出国人员的重要标准之一，但是中医师们依然遇到了非英语语言以及地方方言所带来的困扰，并且如何与患者建立起动心、动情和动脑的沟通关系，如何用对方听得懂的语言讲述中医药故事也是中医师们需要不断提升和思考的。

（二）中医药文化海外传播的策略

"一种文化能否为其他文化所接受和使用，绝非一厢情愿所能办到。"①面对传播困境，外派中医师在职业实践的过程中是如何让对方理解中医药文化，唤起对方的兴趣，成为其发展自身文化的资源并自觉吸收的？笔者认为，可采取如下的传播策略。

1. 调整行医用药的策略

"中医药文化要获得跨文化传播的成功，最关键的因素还是疗效。"②中医师高超的医术和良好的职业素养是实现中医药疗效的根本保证。面对海外社会环境和医疗政策的诸多限制，中医师的有效做法是练好内功。

虽然绝大多数国家对中药设置了重重障碍，但是针对如何合理有效地发挥中药的功效，中医师依然做了诸多有益的尝试。第一，充分发挥中医药食同源的特点。一些日常做调料或者用来煲汤的食材也可以入药，比如当归、黄芪、山药、枸杞、红枣、龙眼、百合、肉桂、丁香等具有一定的药效，不受法律的严格限制，在超市即可购买。第二，根据当地高发病种和分布特点以及药品管理政策，有针对性地申请中成药的市场准入。中成药相对于草药更便宜、口感好、易保存、服用方便，接受度也更高。第三，因地制宜就地取材，合理利用当地的植物和动物资源，在法律允许的范围内自制中药材。

---

① 乐黛云. 后殖民主义时期的比较文学［J］. 社会科学战线，1997（1）：138-143.

② 毛嘉陵. 中医文化传播学［M］. 北京：中国中医药出版社，2014：242.

为了减轻患者的经济负担，吸引更多的民众走进中医中心，中医师们也采取相应的调整措施：第一，取消或者降低诊费。第二，如果当地的中药饮片质量高，中医师会减少处方药量，但是煎煮时间保持不变。比如开10天的药煎煮14天，以变通的方式为病人节约中药费用。第三，将某些皮肤病的口服用药改成外洗用药，减少草药量，降低患者的就医成本。第四，适当延长治疗时间，让病人花较少的钱解决更多身体部位的问题。

2. 实施言语调节策略

中医师的言语沟通能力是指具备外语语言和医患沟通能力，擅于发挥言语调节策略。"言语调节成为跨文化传播的可能性所在，可以帮助我们走出文化偏向。"①外语语言能力既包括中医师本人的外语语用能力，还包括善于利用语言中介，比如翻译的桥梁和缓冲作用以及外方工作人员的语言支持等。言语调节是一种心理现象在语言上的反映，它可以体现在语音、词汇、内容、讲话速度、语言风格转换等方面②。笔者发现，中医师要取得良好的沟通效果，需采取三个方面的策略：①将抽象的概念具体化；②采用类比、比喻等方法；③灵活运用会话合作原则。

首先，从语言文字看，中医具有高度的抽象性和取象比类的表达特点，能用外语清晰准确地表达阴阳、五行、经络等抽象概念，是对外传播能力的重要体现③。其次，采用类比、比喻等方法对抽象的概念进行生动的解释。再者，医学与人的生命和健康息息相关，不允许半点马

---

① 单波. 跨文化传播的问题与可能性 [M]. 武汉：武汉大学出版社，2010：64-68.

② 马丽. 言语调节理论的形成及其应用 [J]. 海南大学学报（社会科学版），1998（1）：78-81.

③ 李芳. "人类卫生健康共同体"视域下中医药高校学生跨文化能力培养探究 [J]. 中国医药导报，2021（25）：63-66+83.

虎，因此在与合作方和病患的沟通过程中，医师们普遍遵循了会话合作原则，即：数量准则、质量准则、关系准则和方式准则，也就是确保言语内容详尽、准确、贴切和得体。但是中医师也会根据患者的个体差异调整言语的数量、内容和风格。对待老病人的言语相对简洁明了，因为医师熟悉患者的病情，患者也了解诊疗过程和要求。他们的沟通内容和方式更加轻松和生活化。而对于首诊患者的问题和疑虑，中医师除了实施基本的望闻问切四诊以及治疗操作之外，还要根据患者的困惑和身体反应增加相应的言语解释，缓解患者的紧张和疑虑，根据患者的个体特征辨证论治和提供个性化的建议。

3. 开展多渠道宣传

传播能力是指提取本国文化中具有代表性的一面，通过特定的媒介或手段，并以他国民众易于理解和接受的方式向外传递和展现本土文化的行为过程[①]。除了诊疗场域，外派中医师还会通过多种路径和方式宣传中医药文化。

第一，充分利用媒体平台赋权与赋能。新型传播生态其核心意义就是赋权与赋能，让原本被动接受信息的草根受众成为资讯和观点生产与传播的主体[②]。外派中医师普遍认识到了媒体在传播赋能中的重要作用，一方面，利用传统媒体，包括电视、广播和报纸等开展宣传。另一方面，利用新兴自媒体，如Facebook、Youtube等国际传播广泛的自媒体平台发布有关中医中心和中医药文化的图文影像宣传资料。中医师自制视频、图像或撰写文字在平台发布并与网友及时互动，为他们在线答疑解惑。

---

① 郑越，何源. 跨文化视域下网络直播的文化转译与调试 [J]. 福建师范大学学报（哲学社会科学版），2020（3）：93-99+171.

② 史安斌. 新时代国际传播能力建设的新思路新作为 [J]. 国际传播，2018（1）：8-15.

第二，开展以讲座和义诊为主的社区传播。一是请进来，二是走出去。请进来是邀请特定人群走进中医中心进行参观和学习；走出去是中医师进入社区、学校、中国驻当地使领馆、中国文化中心、孔子学院等不同场所开展中医药文化讲座或者义诊活动。社区传播能力是综合能力和素质的体现，活动的开展往往由团队成员各司其职，条件允许的情况下可以发挥本土员工或意见领袖的作用，同时要善于利用文化符号营造在场传播氛围。研究数据显示，积极有效的社区传播可以极大地提升中医中心在当地的影响力。

第三，针对重点人群开展宣传。重点人群分为三类，第一类是有社会影响力和话语权的群体，包括政府官员、媒体人士和医疗同行等。第二类重点人群是当地华人华侨或者中资企业，他们对中华文化有着天然的认同感，更容易成为中医药文化在当地传播的意见领袖。第三类重点人群是有特定需求的群体，如慢性病患者、亚健康人群和中老年群体，他们对中医药的预防保健功能有较高接受度。

五、中医药文化传承与发展的前景展望

在全球健康观念日新月异的时代，中医药文化的传承与发展正迎来前所未有的历史机遇。

（一）传承更加多元与包容

未来，中医药文化的传承将更加多元与包容。在深入挖掘古籍、经典方剂等宝贵资源的同时，通过现代科技手段，如数字化、智能化技术，对这些传统资源进行系统的整理与保护。同时，积极借鉴现代医学的理念和技术，实现中医药与现代医学的有机融合，让中医药的精髓与智慧在现代社会中得以传承和弘扬。

（二）与现代文明深度融合

探索中医药文化与现代文明的融合是中医药文化传承与发展的又一

重要方向。可以将中医药的理念和方法融入现代健康管理中，比如"治未病"，通过中医药的调理和保健，提高人们的健康水平和生活质量。目前，已有一些中医药企业推出了如中药保健品、中医理疗设备等基于中医药理念的健康管理产品，这些产品深受广大消费者的喜爱。还有一些地方将中医药文化与现代旅游、文化创意产业等结合，打造具有中医药特色的旅游和文化产品。通过举办中医药文化节、中医药博览会等活动，开发一系列以中医药为主题的文创产品，如中医药书籍、中医药艺术品等，展示中医药文化的独特魅力，吸引更多的国内外游客前来体验和学习。

（三）大模型技术赋能中医药研发

在科技创新的推动下，大模型技术正在为中医药研发带来革命性的变化。一些中医药企业已经开始借助大模型技术进行中医药研发工作，通过构建中医药知识图谱、挖掘中医药数据价值等方式，提高中医药研发的效率和质量。例如，在2024年5月，天士力医药集团与华为公司共建的数智本草大模型正式发布。这一大模型不仅实现了对中医药数据的全面整合与分析，还为中医药的研发和应用提供了强大的技术支持。

（四）国际传播与交流深化

中医药文化的国际传播与交流是中医药事业发展的重要一环。在这方面，德国魁茨汀医院树立了良好的榜样。作为德国第一家中医院和中医药文化国际传播的典范之一，魁茨汀医院在中医药医疗服务、人才培养、科学研究以及文化传播等方面都取得了显著的成绩。这一成功案例不仅增进了国际社会对中医药文化的认识和了解，还推动了中医药文化在全球范围内的传承和发展。通过加强国际合作与交流，可以让越来越多的国家和民众了解中医药的独特价值和魅力。通过举办中医药国际论坛、中医药展览等活动，以及加强中医药教育与培训等方面的合作与交流，共同推动了中医药文化的全球化发展。

第四节 创意体验视角下沉浸式文旅发展

近年来，融合了先进数字科技和文化创意设计的沉浸式体验产品在我国蓬勃发展起来，尤其在文化旅游领域，从开启沉浸式实景演艺先河的"又见"系列，到风靡全球的沉浸式戏剧《不眠之夜》被引入上海，以沉浸式体验为核心的文化旅游形式极大丰富了旅游消费市场。沉浸式文旅不仅能够充分利用旅游地文化资源，让游客在深度体验和交流互动中多角度、全方位了解当地旅游的文化艺术风貌，还能通过全新的消费体验为传统文化旅游市场增添新的活力。随着旅游消费提质升级成为文旅发展的主要趋势，沉浸式文旅也亟须在前期发展的基础上实现进一步优化创新。结合创意产业和旅游学研究理论来看，沉浸式文旅在体验设计中蕴含丰富的创意因素，符合创意旅游的基本特征，从创意体验视角对其进行分析，将有助于深入了解旅游者的实际参与体验，从旅游者的视角出发，为沉浸式文旅创新升级提供有益助力。

一、沉浸式文旅的兴起及概念内涵分析

（一）沉浸式文旅的兴起

1. 沉浸式体验提升了文旅消费需求的效用水平

在物质生活不断丰富的时代，消费者的诉求不断向精神层面和体验感受方向转移。麦肯锡研究表明，全球消费者的消费习惯正从购买商品转向体验，这为体验经济的兴起提供了巨大市场和广阔前景。美国学者B. 约瑟夫·派恩（B.JosephPine）和詹姆斯·H. 吉尔摩（James H. Gilmore）在《体验经济》一书中指出，人类经济的发展分为农业经济、工业经济、服务经济与体验经济四个阶段，体验是人类历史上的第四种

经济提供物。在体验经济阶段，随着产品、商品、服务开始出现产能过剩的情况，体验会成为高价值承载物。他们还指出，经济价值的递进发展从提取商品，到制造商品，到提供服务，再到展示体验，越来越贴近于顾客的需求。体验经济的特征首先在于以满足消费者个性需求为出发点。

在体验经济条件下，文化旅游项目逐渐将满足游客的深层旅游体验作为核心要素，以促进旅游消费的提质升级。在传统旅游中，游客往往是以休闲娱乐为目的，在旅游地享受自然风光、欣赏人文景观，从而满足消遣娱乐、求新求异的心理，其体验感相对单一、薄弱。随着对体验的需求不断提升，游客在旅游过程中的身体、情感和思维的经历和感受愈加重要，而沉浸式体验能够通过情境参与、多维互动等形式为游客带来个性化的旅游体验，让游客全方位、深层次感受旅游地文化风貌，在其中获得满足感与价值感，进而在旅游地和游客之间建立起值得记忆的深刻联系。

2. 技术发展不断变革文旅消费者的体验形式

沉浸式体验建立于当代文化与科技融合创新的基础之上。在工业社会之前，由于受到科技装备和消费水平的限制，人们所获得的沉浸式体验往往是碎片化、偶然性的，也难以成为人们广泛追求的消费形态。而进入数字时代，在信息化、数字化、智能化技术获得普及和大规模商业化应用的基础上，沉浸式体验具有了普遍的可行性，在旅游演艺、会展节庆、景区环境建设等方面都获得了广泛的应用，并且将随着5G技术等前沿科技成果的大规模普及，获得更加广阔的市场空间。

沉浸式体验在发展过程中，集成了大量的前沿科技成果，深刻影响着沉浸式文旅的结构和内容，其中重点技术包括3D全息投影技术、人工智能技术、虚拟现实技术（virtual reality，VR）、增强现实技术（augmented reality，AR）、混合现实技术（mix reality，MR）、激光投影显示技术（LDT）等。沉浸式文旅高度依赖于数字化载体、技术和装备系统的发展，而数字符号所表达的象征性内容越是丰富，数字化载体、技术和装备的价值就越大，能够为游客提供更多满足感、价值感、成就感。

3. 产业政策有力引导沉浸式文旅新业态的蓬勃发展

近年来，文旅融合日渐成为产业发展的重要特征，沉浸式体验的特色化应用为文旅融合发展提供了新的方向。在产业政策的扶持下，沉浸式文旅获得更大的发展空间。2020年12月，为落实党的十九届五中全会关于"实施文化产业数字化战略"的部署，文化和旅游部印发《关于推动数字文化产业高质量发展的意见》，提出要发展沉浸式业态，发展全息互动投影、无人机表演、夜间光影秀等产品，推动现有文化内容向沉浸式内容移植转化，丰富虚拟体验内容；支持文化文物单位、景区景点、主题公园、园区街区等运用文化资源开发沉浸式体验项目，推动沉浸式业态与城市公共空间、特色小镇等相结合。2021年，《"十四五"文化和旅游发展规划》明确指出要推动数字文化产业加快发展，发展沉浸式体验等新业态，丰富个性化、定制化、品质化的数字文化产品供给；鼓励定制、体验、智能、互动等消费新模式发展，打造沉浸式旅游体验新场景。《"十四五"文化和旅游科技创新规划》进一步指出要开展云演艺、沉浸式演出等演艺新业态的技术和装备研究；研发沉浸式演出等视觉内容创作和呈现设计软件工具，研究全息展演、可穿戴表演设备、无人机等技术的综合集成应用。以上文件的出台不仅为沉浸式文旅提供了政策支持，更对沉浸式文旅未来的进一步发展起到指导作用。

（二）沉浸式文旅的概念和内涵

作为文化旅游的一种新形式，沉浸式文旅能够给游客带来沉浸式的旅游体验。沉浸式体验源于心理学中的心流理论，指个体将注意力全部投注在某种活动中，达到无视外物存在的忘我状态，并且事后感到印象深刻、充满价值感，是人们精神上处于最优状态时的体验。心理学上认为，沉浸式体验由目标明确、及时反馈、技能与挑战平衡、全神贯注、知行合一、潜在的控制感、有目的的体验等维度构成。从艺术美学的角度来看，沉浸式体验是一种将意义的生产和官能（感觉和情感）结合在一起的综合美学体验。在现代先进科技的推动下，沉浸式体验被广泛应用到休闲娱乐、展览演艺、文化旅游等领域，逐渐发展为集硬件设备、软件内容等于一体的包裹型、多感官、即时型、可控型的产业形态。

　　沉浸式文旅是文化旅游的一种类型，既是沉浸式体验和文化旅游相融合的全新业态，也是沉浸产业的重要组成部分。沉浸式文旅的目的在于为旅游者实现特殊的文化感受，通过对文化旅游资源内涵的深入体验，使旅游者获得全方位的精神和文化享受。因此，沉浸式文旅中的文化要素尤为重要，文化存在于包含精神价值和生活方式的生态共同体之中，而沉浸式文旅需要通过独特的旅游体验形式，为旅游者展示有趣味、有意义、有精神慰藉作用和美学意味的生活内容。沉浸式文旅是以沉浸式体验作为吸引物的旅游活动，其主要价值不在于创造一种全新的旅游活动类型，而应侧重于强调文旅活动中的体验形式和体验价值。沉浸式文旅区别于传统旅游的主要特征在于更能够为游客打造"身临其境"的旅游体验。"身"即从具身认知的角度，通过与环境、演员、道具等要素进行互动，使游客获得视觉、听觉、嗅觉、味觉、触觉等多感官的身体体验，以增强游客对旅游地文化的感知；"临"作动词，即令游客参与到虚拟情境和叙事情节的建构中，实现游客从现实生活脱离，全身心进入虚拟世界的临场感；"境"即通过新型视听设备，高仿真、混合现实等先进科技和创意设计手段，打造全方位包裹型的空间氛围和故事场景，形成区别于日常生活的奇观幻境。

　　综上所述，本书认为沉浸式文旅是依托于文化旅游资源，在先进科学技术的支持下，通过打造包裹型的空间场景、参与式的叙事模式、多

感官的互动体验，为游客带来具有临场感、满足感、价值感的旅游
形式。

沉浸式文旅的价值核心在于通过沉浸式体验的形式为传统旅游体验
赋能。从现阶段沉浸式体验的理论研究和实践结果来看，沉浸式体验主
要包含以下五个维度的基本特征，即空间包裹感、环境虚拟性、内容参
与性、场景交互性和叙事开放性。空间包裹感决定了游客感知与现实世
界隔离的程度，在包裹感强的空间中游客更容易全情投入体验中；环境
虚拟性衡量体验环境设定的虚构程度，虚拟性高的环境更容易带来奇观
效果；内容参与性衡量游客在何种程度上参与体验内容建构，能否影响
故事情节发展和走向；场景交互性指游客与体验场景中的演员、道具、
环境等一切事物的交互程度，交互程度高的场景能够从情感、思维、行
动等层面带给游客更丰富的体验；叙事开放性标记故事线的设定和展
开，传统文艺作品多以单一故事线为主，而融合了游戏娱乐特征的体验
项目可以通过多故事线和开放式情节丰富游客的体验感受。一般来说，
只有拥有上述五种沉浸式体验特征的文旅项目才能被称为沉浸式文旅项
目。"沉浸式体验维度模型"能够帮助区分沉浸式文旅体验和一般旅游
体验之间给游客带来的体验感差异，为沉浸式文旅项目的沉浸程度提供
评价标准，同时能够为沉浸式文旅项目的设计和制作提供参考方向。

二、创意体验理论下沉浸式文旅的消费者体验分析

沉浸式文旅是文旅产业在创新理念下的提质升级，沉浸式体验对文
化旅游形式、内涵和消费体验的拓展及创新，符合旅游学研究中创意旅
游的基本特征。创意旅游的发展是文化旅游的一种延伸，由于创意因素
更容易增加旅游产品价值，在一定程度上能够促进旅游地产品的创新和
升级，因此创意旅游比传统文化旅游更具有发展潜力，创意资源比传统
文化资源更具有可持续性和流动性。创意旅游是指旅游者在游览过程中

通过参与目的地文化或技巧学习，激发自身创意潜能，以此获得旅游目的地文化深刻体验的一种旅游形式。联合国教科文组织给出的定义为，创意旅游是一种通过为旅游者提供真实性的、可直接参与体验的旅游活动，从而让其更好地学习当地艺术和传统，以及具有当地特色的象征性文化的一种旅游形式。综合目前的研究成果来看，创意旅游的特征首先在于创新性，包括在开发理念、项目策划、呈现方式等各个环节的创新特征；其次，创意旅游以文化为前提和基础，创意旅游本身也会生产出新的文化；再次，创意旅游在形式上具有亲身参与、互动学习的体验性，通过交互式体验形成个性化的独特感受；最后，创意旅游的最终目的是实现旅游者的自我发展，以及目的地的经济发展和文化保护。

从实践经验来看，创意旅游在很大程度上依赖于旅游者的参与和协作，旅游者通常被视为创意体验的共同创造者。因此，国内外部分旅游研究者尝试从旅游者的视角出发，分析创意旅游的独特性和其中创意因素的构成。台湾学者Siow-KianTan等人通过田野考察、案例分析、定性和定量相结合的研究方法，构建了基于旅游者视角下创意旅游过程中的"创意体验模型"，分析并归纳出创意体验中的个人意识、个体需求、创造力、学习和互动等主要因素。[①]

根据"创意体验模型"所示，创意体验可分为个人体验和外部互动体验两种类型。个人体验对应着旅游者内在自我的反射过程，由个人意识、个体需求和创造力三部分组成。个人意识是形成创意体验的先决条件，包括四个主要维度：自我实现，即旅游者寻找内在自我的意识；社会意识，即通过创意旅游活动来教育和培养下一代；文化体验，即对旅游地历史文化的了解和体验；环保意识，即出于对环境和资源保护的意

---

① Tan, S. -K., Kung, S. -F., & Luh, D. -B.A Model of "Creative Experience" in Creative Tourism [J]. Annals of Tourism Research, 2013 (41): 153-147.

识参与体验。个体需求反映了旅游者参与创意体验的目的，包括三个主要维度：基本需求，即以乐趣、放松、享受等基本旅游体验为目的参与活动；社会需求，即以增进家人和朋友之间人际关系为目的的旅游；知识需求，即以获得文化知识和自我完善为目的的旅游。创造力包括五个主要维度：体现有趣、新颖的"新奇性"，体现创意产品和创新服务的"功能性"，在风险控制前提下的"挑战性"，体现独特情感经历的"经验性"，探索个人潜力和转变的"存在性"。外部互动体验是旅游者在创意体验过程中和人员、环境、产品/服务/体验之间的互动，"人员"包括消费者互动中能够接触的工作人员、演出人员、服务人员以及同行的其他游客，"环境"和"产品/服务/体验"互动体验效果则受到场景氛围、空间设计、游览路线、产品或服务质量等因素的影响。

从现阶段沉浸式文旅的发展情况来看，其主要类型包括沉浸式实景演出、沉浸式景区游览、沉浸式主题公园、沉浸式戏剧、沉浸式艺术展览、沉浸式文化节、沉浸式实景剧本杀等。消费者在沉浸式文旅的体验过程中能够通过互动交流和亲身参与的形式深入旅游地的文化体验中，甚至能够在旅游地打造的历史空间和虚拟情境中获得身临其境的"穿越"式游览体验，进而激发自身创意潜能、实现自我价值提升。由此可见，沉浸式文旅在文化内涵、表现形式和旅游体验等方面的创新性与创意旅游的基本特征高度契合，可将其视为创意旅游的一种类型进行深入研究和分析。在沉浸式文旅项目中，沉浸式体验的新颖、原创、个性化等特征契合于创意体验的基本内涵，用创意体验模型加以分析能够更深入地了解消费者在旅游过程中不同维度的体验和感受，有助于沉浸式文旅在创新性和体验感等方面的优化和升级。

三、基于创意体验的沉浸式文旅创新思路

（一）打造独特视听体验，提升沉浸式文旅个性化设计

一般来说，沉浸式文旅项目多以个性化的视听体验和互动形式为特色，吸引旅游者的关注，为旅游者留下深刻而独特的游玩记忆。然而近两年，随着部分沉浸式文旅项目在市场走红，沉浸式文旅演艺、沉浸式艺术展览、沉浸式节庆活动等在不同程度上出现同质化现象，同时也成为消费者最关注的问题。从现阶段消费者需求来看，通过新奇有趣的创意体验获得精神放松、身心愉悦是消费者选择沉浸式文旅的最主要目的，消费者对沉浸式体验的新颖性和趣味性的关注远超于其他体验特征，这就意味着模式化、标准化和同质化的沉浸式文旅项目必然难以满足消费者期待。

首先，沉浸式文旅项目应以创新的视听设计提升沉浸式体验的独特性。现阶段沉浸式文旅的视听效果、空间氛围和舞台设计仍是影响消费者体验的最重要因素，能够从感官层面直接影响消费者的代入感和沉浸感。消费者参与其中的空间场景更需要对视听设计进行精细化处理，将虚拟情境和景区自然环境进行有机结合，因地制宜地打造具有艺术美感的视听体验。

其次，沉浸式文旅项目需要进一步拓展沉浸式技术的应用范围，提升科技设备的使用效果。当前消费者对沉浸式技术应用的认同感较高，绝大多数消费者认为沉浸式技术在增强视听效果和互动性方面具有积极作用。

（二）融合旅游地文化特色，深化沉浸式文旅主题内涵

在旅游消费市场向高品质旅游发展的背景下，诸多知名景区纷纷将沉浸式文旅作为满足旅游者体验的共同策略。通过调研分析可知，绝大多数消费者认为，沉浸式文旅的形式有助于加深对于旅游地文化内容的

理解。但同时，在消费者看来，文化内容不够丰富和深入也是当前沉浸式文旅项目亟须解决的问题之一。为避免造成形式华丽、内容空洞的旅游体验，沉浸式文旅应在主题和内容上积极融入旅游地特色文化，使旅游者在休闲娱乐的过程中感受更多元的文化内涵。

首先，沉浸式体验设计应深入挖掘旅游地民俗文化，使旅游体验的主题性和目标性更为明确。相较于碎片式的体验过程，旅游者通过主题性的体验活动能够对文化内容产生更加系统而深刻的记忆和认知。

其次，沉浸式体验设计应注重旅游原真性。由于具备文化素养和文化辨别能力的游客越来越多，对于旅游内容的真实性不容忽视。如在实地调研中，有的旅游者表示，演出布景和道具设计与所展示的时代背景不符，会在一定程度上影响体验感受。因此沉浸式体验设计对情境的营造和时空的还原应在实际文化考察的基础上进行，注重传统文化和历史典故在改编展示时的真实性和可信性。

此外，沉浸式体验设计应加强旅游地文化内容的参与感。在沉浸式文旅的参与体验中，更多消费者希望参与到旅游地文化活动的体验中，以提升对于当地民风民俗的感知和了解。因此沉浸式文旅应进一步完善定制化的参与体验环节，使消费者能够在文化体验的过程中激发自身创造潜力。

（三）丰富完善故事情节，创新沉浸式文旅跨媒体叙事

根据现阶段调研结果来看，新奇有趣的故事情节是吸引消费者参加沉浸式体验的最主要原因之一，而在故事情节的体验中，更多消费者希望剧情更有趣味、逻辑性和主题性更强。沉浸式文旅项目的剧情设计相较于传统演艺更具有互动性和创新性，尤其在沉浸式互动演艺中，观众能够近距离欣赏演出，甚至和演员进行互动交流，不同的剧情故事线选择更增添了体验过程的探索性和趣味性。独特的剧情设计一方面能够丰富沉浸式剧情的叙事模式，另一方面也对故事情节的逻辑完整和主题表

达提出更高要求。

首先，沉浸式文旅项目应提升故事情节的趣味性和创意性。由于沉浸式文旅的消费群体以年轻人为主，在剧本选择和创作方面应更多考虑年轻群体的喜好特征，使其符合主要受众群体的思维和表达习惯。

其次，沉浸式文旅项目应丰富故事情节中的互动设计，以更专业的组织和引导增强消费者在互动过程中的沉浸感，通过完善背景介绍和知识普及等方式，提升消费者对互动剧情的掌握和理解。

此外，沉浸式文旅项目还应创新故事内容的跨媒体叙事。跨媒体叙事是一种整合多种媒介来创造故事世界的叙事实践，能够打破传统线性叙事方式，使故事情节能够通过画面、声音、对话、道具等不同媒介传递给参与者，通过更多样的互动环节和良好的剧情衔接匹配，鼓励参与者主动成为故事内容的追寻者和收集者，形成充满张力和游戏乐趣的故事体验。

第五节　传统文化元素与文创产业发展的耦合

一、优秀传统文化元素是文化产业发展的沃土

文化差异带来了缤纷多彩、和而不同的大千世界。丰富多彩的中华优秀传统文化是我国当今文化产业发展的沃土，各类传承至今的优秀传统文化项目的内容中都有着丰厚的文化积淀，其中蕴含的斑斓多姿的文化元素是我们发展现代文化产业的重要源泉。文化在继承过程中需要不断更新才能发展，优秀传统文化遗产只有通过再生产才能真正实现传承，只有在发展中保持优秀传统文化元素才能维护文化的活力，使文化获得长久的生命力，生生不息。

（一）优秀传统文化元素的特征

美国人类学家克利福德·格尔茨认为："所谓文化就是这样一些由人类自己编织的意义之网，因此，对文化的分析不是一种寻求规律的实验科学，而是一种探求意义的解释科学。"[①]文化是一个民族的历史积淀，也是构成一国文化元素的重要内容。文化元素不仅是民族的个性化表达，民族的繁衍和历史的演变也是在文化元素中实现传承和发展的。由我国文化元素累积而成的中华优秀文化传统资源，是华夏民族的精神体现，也是中华物质文化和精神文化的凝聚，中华传统文化的传承发展离不开基本元素的传承。文化元素是民族得以生存的土壤和根基，中华传统文化只有在中华民族的心目中形成向心力才能产生合力，才能形成国家和民族的文化自信，才能使中华民族的文化立足于世界民族之林，亘古长青。

（二）优秀传统文化元素的内涵

作为我国传统文化元素组成的优秀文化遗产资源有独特的形态，外化可感知的是文化的物质层面，内化层面是文化的内涵和个性，也是文化元素的精神传承。每项优秀传统的内容都由中国文化的各种基本元素构成，以元宵、端午、七夕等传统节日为例，其中元宵的花灯、灯谜、龙灯，端午的屈子、粽子和龙舟文化，七夕的鹊桥、牛郎和织女等都通过独特的节日文化传承至今，并以各种各样丰富多彩的文化产业形式展现出来，成了广大群众喜闻乐见的文化现象。凡此种种，历久弥新，各种有着独特的中国文化内涵的中华传统文化元素的存在，显示了中国传统文化的渊源，也展现了中华传统文化巨大的生命力和影响力。

[①] ［美］克利福德·格尔茨. 文化的解释［M］. 韩莉，译. 南京：南京大学出版社，2008：5.

二、优秀传统文化元素的价值及价值转化

中华优秀传统文化元素是中华民族的宝贵财富，是我们发展文化产业的资源，继承和发展传统民族文化可以增强民族自信心和凝聚力，具有重要的价值。

（一）文化元素的社会价值引领

中华民族的传统文化符号丰富多彩，呈现出独特的民族性特征，这些在历史演变过程中形成的中国元素在世界文化之林中彰显出独一无二的价值，民族文化元素有着不可取代的作用和价值引领的意义。优秀传统文化元素表达了人们对幸福生活的美好愿望和追求，"这些在集体诠释中生长而来的民族文化符号，是民族共同体的心理归依，可以使民族大家庭的成员产生强烈的情感认同和身份认同，也是优秀传统文化遗产的社会价值所在"[①]。优秀传统文化遗产丰富的精神内涵包含珍贵的文化体验，组成了中华文化价值的中枢和根基，传承和创新优秀传统文化，可以促进当代中国社会和谐，实现人与社会、人与自然的和谐相处，可以让群众在耳濡目染潜移默化的过程中得到传统文化的滋养。我们应当发挥优秀传统文化的社会价值，使传统文化在新的时代不断更新、发展和壮大。

（二）文化元素的符号消费导向

当今社会经济发展一日千里，文化消费逐渐多样化和差异化。符号消费作为一种差异性消费是使人们通过消费寻找和确认自我的价值，不同的人群在消费过程中寻求并实现文化认同。消费文化同时为各种文化的展示和争夺提供了擂台，越是具有民族性的文化，越具有世界认可的

---

① 黄永林，纪明明. 论非物质文化遗产资源在文化产业中的创造性转化和创新性发展 [J]. 华中师范大学学报（人文社会科学版），2018（5）：24.

价值，或者说越是具有独特性的个性化的文化，更有消费价值。它为民族文化特色突出的优秀文化元素转化为文化资本提供了土壤。优秀传统文化遗产应当变身成为文化符号，采取市场化、产业化的方式，走上产业化发展之路，真正实现传统文化的有效传承，实现优秀传统文化元素与现代文化产业的发展相互促进、共同发展。发掘优秀传统文化遗产中的文化元素，使其在文化产业中得到利用，可以更好地保护优秀传统文化。创造出现代文化产业与传统文化元素相结合的新型文化模式，结合时代要求将优秀的传统文化元素中的营养成分创造性转化为现代文化消费产品，文化基因与文化产业融合一体并协调发展。文化产业发展离不开文化的消费，文化的消费源自文化品牌的凝聚力，文化产品的特殊魅力和市场竞争力均离不开文化产品独特的文化价值，挖掘和利用文化产业的文化元素，凸显产品的文化内涵更能够使中华优秀传统文化发扬光大，因此，中华民族文化元素在消费时代具有巨大的经济价值。

三、文化产业发展与优秀传统文化资源的现代转化

当今时代，优秀传统文化元素的现代转化应当顺应时代要求，文化元素的当代转化需要开掘优秀传统文化元素中的独特的价值，寻找文化元素中能够适应瞬息万变的时代的发展需求、与时共进的因子，满足人民群众不断增长的精神文化需求，和社会发展同步共进。文化产业发展应当在文化传承中转化、发展优秀文化元素。与此同时，在文化元素的转化、发展中传承文化的优秀基因。文化产业创新应当在全面认识我国传统文化资源的基础上，充分挖掘优秀传统文化的现代价值，构建顺应时代潮流的优秀传统文化传承体系，文化的传承实践具有自我更新的属性，文化元素的生命体现在创新发展中，应当形成良性发展的、科学的文化产品开发机制，保持文化元素在文化产业发展中的中心地位并使之不断巩固。

文化产业的迅猛发展为优秀传统文化元素带来了重生的机遇，应该充分利用这一机遇发展包含优秀传统文化元素的文化产业，为文化资源创造性转化开拓宽广的道路，适应时代发展需要，用现代产业理念观照文化的方方面面，用活泼开阔、用户乐于接受和参与的多种多样的形式包装，使之适应时代的形象，使文化产业立足于优秀传统文化元素的土壤生根发芽，开放出为现代大众所喜爱的文化产业之花。

文化产品需要适应社会的需要，满足主体受众的需要，"今天的主体受众是以'90后''00后'为代表的年轻人，他们崇尚自由和多元，传统传播模式遇到了全新的接收对象需要与时共进。因此，需要重新审视和打造全新的载体模式来吸引主体受众的注意力"①。推行优秀传统文化在现代产业的顺利转化，需要在传承和创新优秀传统文化元素的基础上，积极探索优秀传统文化元素的保护传承与创新结合，将保护和推动文化产业发展和文化特色结合，通过创新文化传承和保护机制，以发展创新促进保护和传承，不断探索新方法开拓新领域，拓展文化产业保护与创新的新模式，适应移动互联网时代的发展的特性，开掘优秀传统文化在民族文化与全球文化沟通方面的巨大潜力，适应当代社会和现代传媒的巨大转变。

在移动互联网的大环境下探讨文化传播的方式、特点、意义，使各民族国家在全球文化传播中拥有更多的发展机遇并推动文化全球化迈向崭新阶段。主体受众需求的年轻化和多元化，对文化产业的传播提出了新的标准，文化传播要适应智能化和社交化的场景，符合移动互联的特点。将传统技艺和现代形式相结合，将优秀传统文化项目资源丰富和技艺独特的特点和满足受众喜新求变的特性相结合，将文化产业涉及面广

---

① 冯丽君. 挖掘传统文化资源促进文化产业发展［J］. 经济研究导刊，2019（8）：15.

泛、体量大的特性和各地希望快速发展的诉求相结合，文化作为产业发展的支撑，让公众全身心投入和感受中华民族优秀传统文化的魅力。

在利用现代传媒技术优势的同时，关注移动互联网对民族传统文化带来的不利影响，继而采取相应的传播策略，将中华传统文化精神与时代发展相结合，将中华传统文化的优秀传统与当代社会环境相结合，将中华传统文化因素融入人民群众的日常生活之中，融入普通百姓的所思所感之中，在发展文化产业中潜移默化地融入文化，如春风化雨般潜移默化地感染受众，积极发挥新时代精英的力量，激发受众积极向上的精神，以推动文化产业发展，更好地传承与弘扬中华优秀文化元素，使优秀传统文化元素走进百姓生活，和人民群众同呼吸共命运，与此同时文化产业发展也能够取得良好的社会和经济效益，实现优秀传统文化在当代文化产业发展中可持续传播，重新焕发新的生机。文化产业发展不能离开历史传统，否则就是无源之水、无本之木，失去了依托的文化产业只会随波逐流而渐渐失去生命的活力。文本层面的文化创新发展离不开实践层面的文化创新，推动传统文化与创意产业融合，与现代传媒融合，与科技融合，提高传统文化的表现力和感染力，使传统文化更容易被大众认同和接受。

文化产业发展要实现创造性转化与创新性发展，与当今时代的发展和需求结合，将时代发展内容融入传统文化，使文化产业具有鲜明的时代特色。只有创造性转化、创新性发展传统文化，才能实现优秀传统文化在当代文化产业发展中的可持续传播，不断适应、引导和满足人民群众的文化需求。

第六章
以中华优秀传统文化培育文化自信的研究

中华优秀传统文化是涵养文化自信的重要源泉。本章聚焦传统文化资源与现代文化自信培育的内在联系，系统探讨以中华优秀传统文化培根铸魂的理论依据与实践路径。通过分析中华优秀传统文化对增强我国文化自信的意义，深入阐释以中华优秀传统文化培育文化自信的遵循原则，探索以中华优秀传统文化培育文化自信的实现路径，为新时代坚定文化自信提供具有中国特色的理论支撑和实践方案。

第一节　中华优秀传统文化对增强
我国文化自信的意义

中华民族优秀传统文化是对中华儿女几千年来艰苦奋斗、拼搏向前的历史记载，其中包括思想文化、价值理念、精神追求等，是经过人们的社会实践反复检验的精神真理，不仅丰富了人们的精神世界，还对实现中华民族伟大复兴的中国梦、构建社会主义核心价值观、构建中国话语体系、增强中国文化软实力有着极其重要的意义和价值。

一、优秀传统文化是中国特色社会主义文化自信的根基

文化自信是一个国家、一个民族在长期的历史实践过程中慢慢积淀、慢慢形成的，是对本民族文化内容的充分了解，是对本民族文化价值的充分认可，带有明显的地域色彩与时代性。中华民族文化是世界上至今为止唯一没有中断的文化，拥有强大的生命力，具有让人惊讶的延续性和连续性。冯友兰曾表示："中华民族的古老文化虽然已经过去了，但它也是将来中国新文化的一个来源，这不仅是过去的终点，也是将来的起点。"[①]他的话表明中华民族传统文化是现代文化的理论来源，是现代文化建设与发展的起点与深厚基石，是构建中国特色社会主义文化自信的根基与动力。

（一）优秀传统文化为实现中国梦提供强大的动力支撑

中华优秀传统文化是民族的"根"和"魂"，是中国特色社会主义文化自信的根基，为实现中国梦提供了强大的自信。中国梦的实质就是要在国家层面实现富国强兵、在民族层面实现振兴中华、在社会层面实现人民安居乐业。党的十八大以来，实现中国梦成为全社会的共同价值目标，是在社会现实情况下需要中华儿女去实现的最伟大的梦想。实现中华民族伟大复兴是亿万中华儿女的当代使命，实现中华民族的伟大复兴就是要找回中华民族在世界历史长河中的地位与辉煌，找回他国对中华民族的敬仰之情，找回中华儿女所创造的智慧之光。中华民族自古以来以幅员辽阔、物产丰富著称，马克思主义唯物史观认为经济决定政治和文化，政治和文化是对经济的反映，在古代发达的经济环境下产生的文化受当时经济的影响，大气磅礴、光彩照人。所以，中华民族优秀传

---

① 李明. 文化自信与中华优秀传统文化的对外传播 [J]. 改革与开放，2018（10）：88.

统文化自古以来就自带光环，接受来自周围邻国的争相学习，闪耀着中华儿女的智慧之光，不仅在古代推动了人类历史的进步，在当代及未来都会持续地为中国文化建设和世界文明的发展奉献力量。中华儿女享受着来自中华优秀传统文化的滋养和沐浴，有足够的能力再次创造中华文化的辉煌，有强大的底气实现中国近代以来最伟大的中国梦。

总之，中国梦是近代以来我国每一位中华儿女共同的美好梦想和价值追求，是近代以来我国最伟大的梦想，是激励身在世界各处的中华儿女不断求索、不断创新的精神动力。中华优秀传统文化是经历了5000多年的优胜劣汰保留至今的宝贵文化遗产，凝结了数以千万中国人的劳动结晶，蕴含了丰富的智慧之果，是发展中国特色社会主义文化的历史渊源、是坚定中国特色社会主义文化自信的底气所在，为实现伟大的中国梦提供了强大的智力支持和动力支撑。

（二）优秀传统文化是培育社会主义核心价值观的牢固基础

中华优秀传统文化承载着几千年来人们集体的智慧结晶，是对历朝历代人们的社会实践和探索的记载，反映了人们的生活足迹和生存智慧，是一部"会说话"的百科全书。中华优秀传统文化是中华民族的文化基因，是十四亿中华儿女共同的精神家园，是中华民族最独特的精神标识，优秀传统文化是我国社会主义核心价值观的思想渊源，是培育和践行社会主义核心价值观的牢固基础。一个民族、一个国家的核心价值观必须同这个民族、这个国家的历史文化相契合，同这个民族、这个国家的人民正在进行的奋斗相结合，同这个民族、这个国家需要解决的时代问题相适应。社会主义核心价值观就是对传统文化中的先进成分进行选择性继承与适时性创新，两者是一脉相承的关系，都是中国特色社会主义文化的重要组成部分，都对重塑中国特色社会主义文化自信有着重要的意义和价值。

二、优秀传统文化为中国特色社会主义文化自信提供了动力源泉

随着国际间交流合作现象普遍增多，国家间文化软实力的竞争成为新的利益竞争点，优秀传统文化越来越成为增强文化自信和建设社会主义文化强国的动力源泉。中华优秀传统文化自古以来始终保持着连续性、稳定性和包容性，在世界文化舞台上闪烁光芒，独树一帜，为我国文化发展带来强大的生命力。

（一）优秀传统文化为我国文化自信提供了强大的精神支撑

一种精神文化是要经历比较长久的时间才能形成并被大家所接受、遵循，大多数国家的精神文化都是源于本民族千百年的历史传统、文化传统，中华民族的精神文化主要源于我国 5000 多年来博大精深、极具包容性的优秀传统文化，我国的优秀传统文化中蕴含着丰富的哲学思想、伦理道德、价值观念、风土人情等，是展现中国文化精神的名片。我国优秀传统文化借鉴吸收了他国的优秀文明成果，把这些优秀的文明成果进行二次加工，使之刻上中华民族的独特印记，成为推动中华民族向前发展的文化力量、精神力量。随着文化日益成为新的竞争点，提升国家文化软实力和文化自信迫在眉睫，优秀传统文化悠久的历史、丰富的内容、多样的形式都为我国社会主义文化建设提供了强大的动力支撑，为增强我国文化自信提供了丰富的精神食粮和强大的精神支撑。

（二）优秀传统文化为我国文化自信提供了强大的动力源泉

中华优秀传统文化是我国文化软实力的重要组成部分。它并不是单独存在着的，它对当今的经济、政治、社会的发展都有着举足轻重的作用。要发展中国特色社会主义文化自信，在根本上就离不开优秀传统文化的推动作用。我国的优秀传统文化并不是只存在于过去，并不是被永久的尘封于历史的长河之中，而是贯穿于我国革命、建设、改革的各个

阶段，自始至终地影响着我国的发展进程。在建设中国特色社会主义社会的伟大实践中，我们也深刻地认识到优秀传统文化的重要社会价值，并通过对优秀传统文化的继承与创新，结合新时代中国特色社会主义社会的特殊国情，实现了优秀传统文化的现代化，为中国特色社会主义文化走向世界奠定坚实的基础，当然，中华优秀传统文化要实现现代性转化，也必须与新时代中国的具体实情相结合，融通古今，创新发展。

三、优秀传统文化构建中华文化话语体系，捍卫我国民族文化主体性

每个国家在这个世界上都是一个特别的存在，每个国家都有属于自己的话语方式，一个国家要想在世界范围内展现自己国家的文化实力，提升自己国家的文化地位，建立属于自己国家的文化话语体系，提高本国在世界文化中的话语权是必需的。中华文化话语体系的形成不是一蹴而就的，而是经历了一个漫长的发展过程，是一个不断"扬弃"和"创新"的过程，自中华文化出现的那天起，中华文化话语体系就在悄悄地形成。中华民族优秀传统文化作为中华文化话语体系的根源，是构建中国特色社会主义话语体系的文化基因，影响着中国特色社会主义话语体系在世界范围内的建立和发展。中华文化话语体系传承了中华民族传统文化的优良基因，镌刻着中国特色、中国风格、中国气派的中华文化话语体系，在很大程度上捍卫着我国民族文化的主体性。

（一）优秀传统文化思想是中国特色社会主义话语体系的文化基因

中国特色社会主义话语体系不是一个完成式，而是一个进行式，时代性是其重要的特征。也就是说，中国特色社会主义话语体系是跟随着时代的脚步不断变化发展的，是与时俱进的，但其根基是不会变的。中华民族优秀传统文化中有很多话语极具中国特色，例如：小康、大同、民本、天下为公、厚德载物、和而不同等词，这些词无论从形式上还是

内容上都体现着中国风格、中国精神，是中华民族的代名词。但近代社会的沉沦与屈辱使中国话语体系消失殆尽，中国在国际上逐渐失去了话语权。此时，一些寻求变革的人士将目光转向西方，开始学习西方的器物、文化、制度等，进而一大批体现西方话语体系的词汇进入中国人的视野，例如：国家机关、权力机构、议会制度、无线电报、电视机、计算机等，中国社会的各个领域都笼罩了一层西方色彩。随着马克思主义传入中国，中国又迎来了翻天覆地的变化。

五四运动后，中国先进的革命人士把马克思主义、中华优秀传统文化与中国具体国情、世情结合起来，逐渐创造了中国特色社会主义话语体系，找回了中华民族在世界上的话语权。中国特色社会主义中的很多话语都源于中华优秀传统文化，是对优秀传统文化的继承与创新，例如："以人为本，执政为民"是对"民惟邦本，本固邦宁"的继承与发展、"全面建成小康社会"与古代"小康""大同"理想社会相契合、"和平共处五项原则""人类命运共同体"是对"和而不同""兼爱非攻"思想的创新和发展，类似这样的话语在中国特色社会主义话语体系中随处可见。灿若星河的优秀传统文化距今虽历史久远，但它依然滋养着现代中国特色社会主义文化，是构建现代中国特色社会主义话语体系的文化基因，它所蕴含的中国精神、中国气质、中国风格为建构中国特色社会主义话语体系提供了深厚的活力因子，为中国特色社会主义话语权的重构提供了强大的自信和底气。

（二）优秀传统文化捍卫了中国特色社会主义民族文化主体性

"多元化"与"异质性"是现代社会上多数国家追求的目标，也深刻地反映了我国现代文明在朝着进步的方向不断迈进。文化是一个国家的精神所在，是一个国家千百年来积淀的精神财富，是维系一个国家长盛不衰的精神源泉。中国特色社会主义道路的成功绝不是偶然的，中国道路的成功说明每个国家的发展进步都必须要依靠自己国家所特有的精神文化，纵观历史，没有任何国家是完全靠借鉴吸收他国的文化而强大起来的。中国作为世界上最大的发展中国家更是不可能以此种方式跃居成为世界上的第二大经济体，中国能在世界民族之林占有一席之地，靠的是合理利用中华优秀传统文化的优势，在正确认识我国基本国情的基础上，抓住我国在各个发展阶段的关键词，对中华文化进行时代性更新，才形成了当代中国特色社会主义文化。中国特色社会主义文化在中华民族优秀传统文化的基础上建构了中国所特有的话语体系。

文化作为一种精神力量存在，具有构建民族心理、民族性格和民族精神的作用。一个民族能否长久稳定地发展下去，与其民族是否有共同的文化意识关系甚大。共同的文化意识具有强大的社会凝聚力与向心力，可以抵御外界的文化侵略与文化渗透。中华民族的优秀传统文化之所以具有强大的文化魅力与文化感召力，是因为中华民族优秀传统文化构建了我国所特有的话语体系，对文化的认同感和归属感将中华民族紧紧团结在一起，维护了祖国的和平统一，培育了中华民族共同体意识，捍卫了我国的民族主体性。

四、优秀传统文化提升我国文化软实力，是中国特色社会主义文化自信的根本由来

文化软实力就是在实践的基础上产生，并且反映和作用在政治和经济上的社会观念体系，从而形成科学、教学、哲学、道德伦理、文学艺术等文化形式，而且有一种价值观贯穿于这些文化形式中。文化软实力与硬实力相对，是对硬实力的一种补充，两者共同构成我国的综合实力。中华民族优秀传统文化作为我国文化的重要组成部分，也是我国软实力的一部分，优秀传统文化的创造性转化与创新性发展不仅可以在形式与内容上丰富中国特色社会主义文化，还可以提升我国的文化软实力，增强中国特色社会主义文化自信，推进我国在国际上赢得更大的话

语权。

（一）优秀传统文化是我国文化软实力的重要组成部分

中华优秀传统文化是中华民族的突出优势，是我们最深厚的文化软实力。面对当今如此复杂的世界格局，经济领域与政治领域的竞争已不再占有优势，文化多样性局面的出现进一步促进了各国之间文化思想的沟通与交流，国际之间的竞争优势开始向文化领域倾斜，也从侧面告诉了我们文化软实力在国际竞争中的地位越来越高。文化软实力的强弱与文化自信之间是成正比的关系，文化软实力是文化自信的基础与动力。文化与经济的天然关系告诉我们，经济的发展离不开先进文化的支持，世界上不论任何国家拥有了文化发展的制高点，那就意味着它的文化软实力不容小觑，它在国际竞争中的主动性将比他国更强，将拥有更多的发展机会。以目前世界形势来看，哪个国家的文化软实力更强，它在世界上的话语权就越大。世界上任何国家和民族都不可能丢弃自己的文化而谋求某种发展，失去灵魂的国家和民族是不完整的，也经不起时间的考验长久存续下去。我国的思想文化具有5000多年的深厚历史渊源，凝聚着亿万人民的集体智慧，对当今社会的文化发展具有不可估量的作用，是提高我国文化软实力的深厚基石，是增强我国文化自信的动力源泉。

（二）优秀传统文化是中国特色社会主义文化自信的根基支撑

中华优秀传统文化作为中国特色社会主义文化的血脉，是中国人民对中国特色社会主义文化自信的底气所在。优秀传统文化中拥有取之不尽、用之不竭的思想文化资源，是发展社会主义和谐文化的根基。优秀传统文化以其完整的思想体系、多样的表现形式、丰富的思想内核、悠久的历史熏陶为中国特色社会主义文化自信的生成和发展提供了强大的支撑。文化自信作为继道路自信、理论自信、制度自信之后的第四个自信，是更基础、更广泛、更深沉的自信。其实我们今天所说的文化自信不仅包括对中国特色社会主义文化发展的未来充满自信，更重要的是对中国特色社会主义文化来源的自信，即对中华民族优秀传统文化的自信。中华民族优秀传统文化在5000多年的历史星河中，不但没有像其他国家和民族一样，随着国家的消亡，其文化也跟着消亡，而是在不同朝代的更替中依然保持着其文化的独立性，依然在滚滚历史洪流中坚强地屹立着。中华优秀传统文化中所蕴含的哲学思维、道德体系、价值准则、处世原则等都是当代文化建设的宝贵资源，为增强中国特色社会主义文化自信提供了根本由来和价值指引。中华优秀传统文化在其产生和发展的历史时期就享有相当高的地位，享受着来自邻国的尊崇，中国人民就为其文化而感到自豪。基于中华儿女对优秀传统文化的自信与自豪，生成和发展中国特色社会主义文化自信也指日可待。

第二节　以中华优秀传统文化培育
文化自信的遵循原则

用优秀传统文化培育文化自信应遵循三个基本原则：坚持马克思主义的指导地位；坚持以社会主义核心价值观为引领；坚持优秀传统文化的创造性转化和创新性发展。

一、坚持马克思主义的指导地位

当前中国正处于社会转变期，任何事情，包括文化方面的问题都要考虑现实情况，当今中国特色社会主义最本质的特征就是中国共产党的领导。中国共产党是以马克思主义为指导的政党，属于文化领域的东西，一定要用马克思主义对他们的思想内容和表现方法进行分析、鉴别和批判。

（一）确立马克思主义指导地位

第一，用优秀传统文化培育文化自信要坚持以马克思主义为指导，是由我国的社会性质决定的。传统文化是产生于传统社会并与之相适应的文化，对于维护传统社会的稳定起到了至关重要的作用。到了近代，在西方列强的冲击下，中国陷入濒临国破家亡的境地。中国人民在经历了种种救国图存的艰辛探索之后，终于找到了实现国家独立和民族解放的正确道路，即坚持以马克思主义为指导。因此，马克思主义在文化思想领域的指导地位是中国人民的选择，也是历史的必然。

第二，用优秀传统文化培育文化自信坚持以马克思主义为指导，是由社会主义意识形态需要统一的指导思想决定的。当前中国这个统一的指导思想就是马克思主义。马克思以历史唯物主义为分析工具，客观地揭示了人类社会历史的发展规律，做出资本主义必将被共产主义所代替的科学论断，为无产阶级政党执政地位的合法性提供了理论依据。由于历史原因，中国传统文化中的世界观、人生观、价值观等与马克思主义理论存在不相契合之处，必须在马克思主义理论指导下实现创新转化，才能成为助力中华民族伟大复兴的精神动力。马克思主义理论是我国各个领域的指导思想，弘扬优秀传统文化，培育文化自信，切不可动摇马克思主义理论的指导地位。

第三，用优秀传统文化培育文化自信坚持以马克思主义为指导，是由马克思主义理论的先进性决定的。众所周知，中国是"四大文明古国"之一，而且是世界上唯一一个文化延续至今的国家。文化没有断过流的，始终传承下来的只有中国，这个论断充分证明了中华传统文化的旺盛生命活力和永久魅力。但是，相比于传统社会，现代社会发生了深刻的转变也是不容置疑的事实。所以，传统文化毫无疑问地存在着与现代社会不完全适应的巨大缺失。最先表达人类由传统社会进入现代社会的理论之一就是马克思主义理论。马克思主义理论深刻地揭示了人在现代社会的转变，比如"感性丰富的人""每个人的自由发展是一切人自由发展的条件"。同时，马克思主义也深刻地揭示了当代社会的特点，即"以物的依赖性为基础的人的独立性"。①可见，马克思主义并不是一成不变的，它始终能够根据客观实践而不断变化发展，揭示人类社会本质，这正是其理论先进性的重要表现。传统文化固然博大精深，但它也存在一定的历史局限性，只有以最先进的马克思主义理论为指导，才能获得更加强大的生命力，才能更有效地发挥培育文化自信的作用。

（二）坚定马克思主义信仰

正是由于有了马克思主义，中国的革命、建设和改革事业才取得了今天的巨大成就。没有马克思主义信仰、共产主义理想，就没有中国共产党，就没有中国特色社会主义。因此，用优秀传统文化培育文化自信也要坚定马克思主义信仰。

用优秀传统文化培育文化自信要坚定马克思主义信仰。在中国革命、建设和改革的伟大实践中，马克思主义中国化取得了巨大成就，因为我们没有对马克思主义理论断章取义，也没有照抄照搬，而是结合中国实际情况，同中国的悠久历史和传统文化结合起来，既坚持马克思主义，又发展马克思主义。发展中国特色社会主义文化，就是以马克思主义为指导，坚守中华文化立场。这句话我们可以理解为，发展中国特色社会主义文化就要坚守中华文化立场、弘扬中华优秀传统文化，更要坚持马克思主义的指导地位，坚定马克思主义信仰。马克思主义理论的科学性、实践性、开放性、时代性等特点决定了马克思主义具有强大的生命力，它的包容性和与时俱进的理论品质决定了该理论在与中国具体实践相结合时定会永葆活力。因此，马克思主义信仰不能动摇，马克思主

---

① 姚修杰，徐景一．物的依赖性与人的独立性——论现代人的存在方式［J］．武汉科技大学学报（社会科学版），2012（7）：14.

义的指导地位不能动摇，用优秀传统文化培育文化自信同样离不开马克思主义的指导。马克思主义辩证唯物主义、历史唯物主义的原则立场，马克思主义传统文化观中的批判继承与创新发展思想，是用优秀传统文化培育文化自信必须要坚持的原则。只有坚定马克思主义信仰，从马克思主义真理中汲取智慧与力量，中国共产党人和中国人民才能担负起新时代中国特色社会主义文化建设、弘扬优秀传统文化和增强文化自信的历史使命。

（三）引领中华优秀传统文化创新发展

用优秀传统文化培育文化自信一定要坚持创造性转化和创新性发展的原则，在此过程中必须坚持马克思主义的指导地位，必须运用马克思主义理论引领优秀传统文化的传承和弘扬。

马克思主义理论与传统文化建立关联具有可行性。人类社会对公平的追求从来没有停止过，就是因为人类社会从来就没有完全的平等过。纵观人类历史上的这些理论体系，马克思主义理论的立场是站在了社会的最底层，关注最底层人民的利益，即大多数人的利益。这样先进的理论最具国际视野，最没有狭隘的宗派意味，最容易被世界各国人民所认可。中华传统文化也是一种非常具有包容性的文化，在中国5000多年的文明史中，中国传统文化不断地吸纳各种文化，中国传统文化具有包容性。马克思主义理论和中国传统文化都是具有极大包容性的体系，这就为运用马克思主义理论引领优秀传统文化提供了可能性。

实现优秀传统文化的现代性转化要坚持以马克思主义为指导。传统文化最为人诟病的莫过于它是传统社会的产物，因此在当代，用优秀传统文化培育文化自信最为关键的问题之一就是优秀传统文化要实现现代性的转化。如何能够实现传统文化的现代性转化呢？依靠马克思主义理论的指导是唯一的选择。"周虽旧邦，其命维新"（《诗经·大雅·文王》），传统文化虽然产生于传统社会，但是在当今社会依然有强大的生命力。传统文化有能力不断地吸取各种文明成果的滋养，有能力在实践中发展自己，有能力做到与时俱进、历久弥新。马克思主义理论能够引导传统文化创新发展的方面有很多，如传统文化重视"集体主义"，要在马克思主义引领下与"制度保障"相结合。在中国传统文化中，严重缺乏个体概念，导致人们缺乏个性，缺乏主动性。而当今社会处于一个以市场经济为基础的时代，要求每个人充分发挥主体能动性，这就需要引领传统文化转型。实现中华民族伟大复兴的奋斗目标，要通过政策和制度的设计，让每个人充分地发挥主观能动性，充分行使个人的权利，努力营造展现个性、发挥创造性、施展才华的制度氛围，从而实现传统文化的转型升级。以儒家思想为核心的传统文化更多地强调"道德责任"，依靠道德保持主体的责任意识。而当代中国既关注道德责任意识的提升，也重视法治意识的约束作用。因此，要用马克思主义积极引领传统文化，培养社会个体的诚信、公平、合作意识，让平等的契约观念深入人心，为实现中华民族伟大复兴贡献传统文化的力量。

二、坚持以社会主义核心价值观为引领

用优秀传统文化培育文化自信绝不是对传统文化任何方面都盲目自信，也不是对所有的传统文化都采取吸收和实践的态度，而是要接受体现时代文化精神的社会主义核心价值观的规范和引导。

（一）社会主义核心价值观与传统文化的关系

核心价值观简单来说就是某一社会群体判断社会事务时依据的是非标准，遵循的行为准则。社会主义核心价值观"富强""民主""文明""和谐"是国家层面的价值目标；"自由""平等""公正""法治"是社会层面的价值取向；"爱国""敬业""诚信""友善"是公民个人层面的价值准则。通过对比传统文化中的价值观和社会主义核心价值观，我们可以看出二者有较大的差别，如所处时代的社会制度不同，代表的阶级

利益不同，服务的对象不同等。但两者也有相通、相契合之处，它们均属上层建筑范畴，均蕴含着丰富的哲学思想、人文精神、道德理念和处世智慧。社会主义核心价值观是社会主义先进文化的精髓，而优秀传统文化是滋养社会主义先进文化和社会主义核心价值观的丰厚土壤。

社会主义核心价值观与传统文化同属文化范畴，它们之间存在延续与涵养、发展与转化的关系。

一方面，社会主义核心价值观有深厚的传统文化基础。社会主义核心价值观虽然是我们当代的核心价值，但很多价值具有永恒性，这样的价值观念在传统文化中有着丰富的体现，比如爱国主义精神，传统文化提倡"天下兴亡，匹夫有责"的爱国情怀、"捐躯赴国难，视死忽如归"的报国情操；比如敬业观念，传统文化中提到"凡百事之成也，必在敬之；其败也，必在慢之"（《荀子·议兵》）；比如诚信观念，孔子认为"上好信，则民莫敢不用情"（《论语·子路》），就是说君主讲诚信，老百姓就会产生信任的情感。孟子则思考了个人的诚信问题，并将之提升到"道"的高度。"诚者，天之道也；思诚者，人之道也。"（《孟子·离娄上》）比如友善观念，孟子认为性是"人之所以异于禽兽者"，并做出了形而上和形而下两种解释。在形而上的维度上，孟子认为"性自命出，命自天降"，也就是说性源于天。

"见善如不及，见不善如探汤。吾见其人矣，吾闻其语矣。隐居以求其志，行义以达其道。吾闻其语矣，未见其人也。"（《论语·季氏》）还有一些传统文化中的思想虽然与社会主义核心价值观在精神实质上有差异，但经过转化依然可以作为涵养社会主义核心价值观的资源。然而，即使是中华优秀传统文化，也是一定历史时代的产物，到了新的时代，传统文化的有些内容和形式也需转化创新，适应新的时代要求。比如民主观念，"民为贵，社稷次之，君为轻"（《孟子·尽心章句下》），孟子告诫统治者要"爱民""利民""轻刑薄赋，听政于民，与民同乐""君，舟也；人，水也。水能载舟，亦能覆舟。陛下以为可畏，诚如圣旨"（《贞观政要·论政体》）。虽然说传统文化中的这些民主观念与现代社会的民主观念存在着巨大差异，现代的民主强调如何在制度上、在程序上保证民主，而传统文化强调民本思想，但是二者也有相通之处，实质上都是为了强调要重视每个普通人的利益诉求问题。

另一方面，社会主义核心价值观不完全源于中国传统文化。社会主义核心价值观中倡导的民主、自由、平等、法治等都是近现代的理念，因此，中国现代化所需的价值观等不能完全由传统获得。比如社会主义核心价值观中的自由观念，从现代视角来看，自由概念本身包含着很多种自由，比如意识自由、意志自由、政治自由、发展自由等。具体到社会主义核心价值观中的自由，主要指以马克思主义自由观为基础的自由。社会主义核心价值观中的自由概念是以马克思主义为指导的，因此这种自由更多地理解为发展的自由，个性的自由。反观中国传统文化中的自由观念，主要还是停留在意识自由的层面。中国传统文化中的自由观主要体现在庄子思想体系中。由庄子代表的中国传统文化中的自由观念仅仅是一种囿于意识中的自由。在黑格尔看来，这种自由仅仅是意识突破了对象性意识而回归到自我意识的境界，还没有达到存有他者的视域下的政治自由阶段。由此可见，传统文化中的自由观念与社会主义核心价值观中的自由观念差距甚大。可见，社会主义核心价值观不完全源于中国传统文化。

用优秀传统文化培育文化自信要坚持以社会主义核心价值观为引领。深入挖掘优秀传统蕴含的思想和精神，弘扬传统文化，必须遵循以社会主义核心价值观为引领的原则。用优秀传统文化培育文化自信必须有强大的价值引导力支撑，要有主心骨，社会主义核心价值观便是引导弘扬传统文化、增强文化自信的强大精神动力。

（二）用社会主义核心价值观规范传统文化

通过对社会主义核心价值观与传统文化关系的探讨发现，价值观具有鲜明的时代性。社会主义核心价值观是符合新时代的价值观，用优秀传统文化培育文化自信要以社会主义核心价值观为引领。社会主义核心价值观把涉及国家、社会、公民的价值要求融为一体，既体现了社会主义的本质要求，继承了中华优秀传统文化，也吸收了世界文明有益成果，体现了时代精神。同时传统文化在社会主义核心价值观的规范下也会体现出时代性。一个传统的古老文明蕴含的丰富文明绝对不能仅属于一个民族，绝对不能仅仅成为对过去的怀念，而是一定有能力与新时代的进步文化相结合，成为时代性的东西。民族精神的民族性并不排斥时代性。相反，任何一个走在时代前列的民族，其民族精神都是民族性与时代性的统一，或者说是优秀传统与时代精神的结合。同时，社会主义核心价值观在我国属于主流意识形态范畴，体现了社会主义制度在思想和精神层面的规定性，凝结着社会主义先进文化的精髓。只有通过符合时代精神的社会主义核心价值观的指导、规范，用优秀传统文化培育文化自信才能走在时代的节奏上，才能保证用优秀传统文化培育文化自信的正确方向。

三、坚持创造性转化和创新性发展原则

文化自信包含着心理因素，当我们能够通过对优秀传统文化古为今用的创造性转化，深刻认识到传统文化在当今依然具有巨大的解释力和生命力，我们就会产生文化自信；当我们能够对传统文化兼容并包地创新性发展，我们同样会产生文化自信。

（一）通过对中华优秀传统文化古为今用地创造性转化增强文化自信

用优秀传统文化培育出文化自信的首要条件是优秀传统文化在当今

要有解释力，要能够对新时代产生的新情况、新变化、新事物做出合理的解释，并能对我们的未来发展提供智力支持，只有这样，传统文化才能够具备培育文化自信的能力。因此，传统文化古为今用的创造性转化成为用优秀传统文化培育文化自信的一个重要原则。

对传统文化进行古为今用地创造性转化首先要持有客观理性的态度。文化自信从根本上说是对文化的一种态度。自信是一种态度，自负、自卑同时也是对文化的一种态度，而这些态度又都根源于认识，认识又分为理性认识和非理性认识，非理性认识是产生文化自负和文化自卑的根源。当前我国迫切需要破除这些非理性认识。在传统社会，由于地区间交往受通信等条件的限制，可沟通的区域范围狭窄，导致我们以天朝大国自居，中国传统文化占据了绝对的优势地位，存在着极大的文化优越感，也存在着一定的文化自负心态。近代以来，中华民族处于水深火热之中，我们在救亡图存的过程中，反思自身原因时又归结到传统文化的层面，导致又出现全盘否定传统文化之类的错误论调，出现文化自卑心理，认为自己的传统文化一无是处。客观地说，在传统社会，以儒家为主导的传统文化确实优秀，令人自豪。到了近代，时过境迁，中国在西方强大的科技实力面前，屡屡受挫，产生文化自卑。这两种对传统文化的态度都是可以理解的，不能说是完全由非理性因素造成的。但当前中国成为世界第二大经济体，在党和国家提出中华民族伟大复兴中国梦的背景下，再次出现文化自负现象，就是非理性认识了，需要高度警惕。

理性在西方语境中是要敢于认识，是使自己摆脱不成熟的状态。当代中国需要这样的理性。正是在这个意义上，我们有一些学者也认为，中国缺少一次真正意义上的启蒙运动。用优秀传统文化培育文化自信也需要这种理性，摆脱对待传统文化的不成熟状态。这就要求我们在通过传统文化确立文化自信时，对传统文化有一定程度的认知和把握。传统文化本质上是与传统专制社会相适应的，整个传统文化体系都是围绕着专制主义这个核心构建的。因此，很多传统文化中的东西我们都要理性地辨别，深刻理解它的本来意蕴和价值取向，这样才能做到古为今用。

用优秀传统文化培育文化自信要实现对优秀传统文化的创造性转化，通过传统文化的古为今用，使其在当今时代彰显出价值，以此增强文化自信。可见，实现对传统文化的创造性转化就是把一些中国文化传统中的符号与价值系统加以改造，使经过创造的符号与价值系统变成有利于变迁的种子，同时在变迁的过程中继续保持文化的认同。由于时代发生了转变，传统文化中的一些东西已经不能完全适应现代社会，当其经过改造创新之后，不仅适应了时代，也彰显了传统文化的创生张力。对传统文化的创造性转化不是生搬硬套，不是罔顾原意的捏造，而是对确实与时代有契合点的思想、观点进行挖掘改造，实质上是一种再创造。对传统文化要以创造性的理想与意志、创造性的实践进行转化。如何能够通过对传统文化进行创造性转化以适应当今时代，这需要理性地思考我们的传统文化资源。基于相关文献资料和对传统文化的审视，我们大体将传统文化归纳为三种类型：第一类，已经形成了完整体系且具有持久的价值；第二类，具备完整体系，但由于其核心价值与当代并不适应，只能对其个别有价值的组成部分进行创造性转化；第三类，没有形成完整体系，但具有当代价值。针对这三种类型的传统文化，我们可以有的放矢地对其进行创造性的转化。

（二）通过对中华优秀传统文化兼容并包地创新性发展增强文化自信

用优秀传统文化培育文化自信，需要传统文化有能力广泛吸收世界各民族的优秀文化因素。传统文化有这种包容性，有与东西方文化成果相融合的能力，并在此基础上创造出新的具有现代性的文化元素来。在经济全球化的今天，任何一个有进取心的民族都会追求国家的现代化，而现代化要建立在文化的土壤上。现代化不是一个自然的社会演变过程，这也意味着，我们必须学会兼容并包、借鉴学习西方的先进文明。中华传统文化革故鼎新、与时俱进的特质，使传统文化适应新时代要求创新性发展成为可能。

现代化是新时代的一个重要特征，是中国近代百余年的追求和梦想，所谓现代化是指人类社会从工业革命以来所经历的一场急剧变革，这一变革以工业化为推动力，导致传统的农业社会向现代工业社会的全球性的大转变过程，它使工业主义渗透到经济、政治、文化、思想各领域。可见现代化是工业化引起的社会政治、思想、文化等各个领域的相应变化，不是中国内生出来的东西。因此，我们必须要学会借鉴西方的先进思想。

优秀传统文化的创新性发展需要兼容并包地借鉴国外的优秀文化成果。近代，由于西方科技迅猛发展，伴随而来的是其文化在全球范围内也占据了强势地位。毫无疑问，现代化发端于西方，社会生产力的发展和人们生活水平的快速提升在很大程度上受益于西方的现代化。知耻近乎勇，我们要有勇气面对自己传统文化的不足，要勇于和善于学习西方先进的东西。正如鲁迅所质疑的："我独不解，中国人何以对传统的东西如此忍辱负重委曲求全，而对新事物如此地吹毛求疵、求全责备。"（《华盖集》）要实现传统文化创新性发展，我们应该持理性的态度，辩证地对待世界各民族的文化成果。既要通过对优秀传统文化的弘扬和发展增强文化自信，又要借鉴其他文化的优秀元素对传统文化进行创新转化，使其发挥创生的张力，更好地为建设中国特色社会主义服务。同时，无论是对待我国传统文化，还是对待其他文化，如西方强势文化，我们都必须具备批判的精神，学会拿起批判的武器。我们是以马克思主义理论为指导的社会主义国家，我们理应具备这种批判精神。马克思主义创始人敏锐地发现了资本主义的抽象性、形式性和虚伪性，对反映那个社会的文化进行了猛烈的批判。辩证法在对现存事物的肯定理解中包含对现存事物的否定的理解，即对现存事物的必然灭亡的理解；辩证法不崇拜任何东西，按其本质来说，它是批判的和革命的。带着这种批判精神，寻求在批判旧世界中发现新世界，开创了一个新的纪元。

第三节　以中华优秀传统文化培育
文化自信的实现路径

一、坚持中国共产党在优秀传统文化培育文化自信中的领导地位

用优秀传统文化培育文化自信不是一个纯学理问题，而是一个事关国家兴衰、社会主义前途和实现中华民族伟大复兴的大问题，也是一个事关党的思想理论建设的大问题。因此，用优秀传统文化培育文化自信要坚持中国共产党在这一过程中的领导地位。

（一）党在国家中的地位和作用决定了领导地位

用优秀传统文化培育文化自信要坚持党的领导，首先是由中国共产党在国家中的地位和作用决定的。历史经验证明，在中国，任何伟大的事业都只有在中国共产党的领导下才能够取得成功。近代以来，中华民族饱受磨难、内忧外患，积贫积弱，爱国志士纷纷寻求救国救民之路，屡遭挫败后，最终在中国共产党的领导下，实现了人民解放和民族独立。中华人民共和国成立以后，在中国共产党的领导下，中国建立了完整的工业体系，创造了"两弹一星"等奇迹。中国共产党具备一种特别的能力，就是勇于修正错误的能力。中国共产党深刻反思了国家建设中存在的问题，开启了改革开放伟大新实践。改革开放以来，在中国共产

党的带领下，中国人民创造了成为"世界第二大经济体"的伟大奇迹。实践证明，中国人民有了中国共产党的领导，中国人民谋求民族独立、人民解放和国家富强、人民幸福的斗争就有了主心骨。同时这也就意味着，在中国，任何伟大的事业也都只有在中国共产党的领导下才能得以实现。

（二）这项工程的艰巨性和复杂性决定了领导地位

用优秀传统文化培育文化自信首先要坚持党的领导，其次是由这项重要工程的艰巨性和复杂性决定的。由于近代中国的落后挨打，我国人民对传统文化产生文化自卑心理。重拾对优秀传统文化的信心是一项纷繁复杂的系统工程。党的十八大以来，党中央高度重视中华优秀传统文化的传承和发展问题，指出要实现中华民族伟大复兴中国梦必须坚持四个自信，而文化自信是更基础、更广泛、更深厚的自信，同时强调中华优秀传统文化是培育中国特色社会主义文化自信的力量源泉。[1]因此，用优秀传统文化培育文化自信这项工程具有重大的战略意义。这一系统工程涉及面众多，包括对传统文化遗产的保护和传承，加大宣传和教育力度，加强中外文化交流互鉴，创新文艺创作等，这不仅需要加大经济投入，还要成立相应的国家机构，建立健全法律法规等保障机制，加强政策保障等。显然这些工作都需要中国共产党的坚强领导，依靠政府的推动才能够实现。可以说，用优秀传统文化培育文化自信的性质决定了只有在中国共产党的坚强领导下才更加具有现实可行性。

（三）党在重振中国文化自信中的贡献决定了领导地位

第一，中国共产党领导中国人民实现了从站起来、富起来并走向强起来的愿景，为重振中华民族的文化自信奠定了国力和心理基础。文化

---

① 王立民. 习近平总书记治国理政的哲学思想［J］. 世界哲学，2016（3）：67.

境遇与国家的命运和民族的兴衰相互依托，没有民族的独立和国力的强盛，就不可能有文化的自信。在漫长的历史进程中，中华文化始终居于东亚文化圈的核心，并长期处于世界领先地位，由此涵养了中华民族的文化自豪感。但鸦片战争以后，在饱受列强欺辱、奴役后，有的中国人逐步丧失了文化自信。中国共产党正是中华民族国运衰微、惨遭欺凌，在文化方面陷入困顿迷茫的境遇下登上历史舞台、担负起救亡图存和民族复兴使命的。经过艰苦卓绝的探索和奋斗，找到了一条异于资本主义模式的现代化发展道路，终结了中华民族受宰制、受奴役、受屈辱的命运，把落后挨打、被列强视为"东亚病夫"的旧中国建设成为一个社会主义现代化国家，用无可辩驳的历史事实诠释了中国文化的价值，为重振中华民族的文化自信奠定了国力和心理基础。

第二，中国共产党为中国文化注入了清泉活水，激活了中华文化的生命活力，为重振中华民族的文化自信提供了现实依据。中华文化具有旺盛的生命力。但清代以后，封建统治者的文化专制和闭关锁国所导致的文化封闭不仅窒息了中华文化的生命活力，也遮蔽了中华民族的文化视野。近代以后，面对西方列强的入侵和欺凌，古老的文化已难以承担起为民族安身立命和救亡图存提供智力支撑以及方向引领的使命，中华民族被迫从域外先进文化中苦苦寻求民族救赎的智慧和药方。直到马克思主义传入和中国共产党登场，才出现了希望的曙光。中国共产党自成立之日起，就积极引领和实践先进文化，一方面运用马克思主义的科学理论和方法观照并分析解决中国革命、建设以及改革开放中的现实问题，另一方面运用中国文化诠释和传播、发展马克思主义，推动了马克思主义与中国文化的深度融合，使古老的中华文化焕发出生机活力，为新民主主义革命、社会主义建设和改革开放的成功奠定了思想文化基础，也推动了中华传统文化向中国特色社会主义文化的嬗变，为坚定中国文化自信提供了历史和现实依据。

第三，中国共产党创新培育了富有时代气息的民族精神，激发了民族精神的巨大能量，增强了中华民族坚定文化自信的底气。民族精神是民族文化的灵魂和核心，是彰显民族精神气象和性格特质的文化依托，也是民族文化自信的思想基础和动力之源。中国共产党在担当历史使命的进程中，一方面自觉地弘扬以爱国主义为核心的民族精神，另一方面，自觉地把马克思主义的批判精神、科学精神注入民族精神之中，创新培育了以"红船精神""井冈山精神""长征精神""改革开放精神"等为表现形式、富有时代气息和民族特色的民族精神的当代形态，为中国人民应对各种风险、挑战和战胜各种艰难险阻提供了强大的精神动力，充分发挥了民族精神的文化功能，也增强了中华民族坚定文化自信的底气。

第四，中国共产党领导中国人民创造培育了革命文化和社会主义先进文化，彰显了中华民族的文化创造能力，为重振中国文化自信培植和积淀了更加深厚的文化基础。创新是文化发展的动力源泉。中华民族是富有文化创造力的民族，在谋求生存和发展的历史进程中，创造了辉煌灿烂、绵延古今的中华文化，不仅支撑了中华民族的生存和发展，也为人类文明作出了重大贡献，赢得了全世界的尊重和认可。中国共产党在民族文化落伍的历史境遇下，自强不息，刚健有为，在担当救亡图存和民族复兴大任的同时，也自觉地担负起延续发展和复兴民族文化的使命。既为中华民族的解放、富强和复兴提供了智慧滋养、智力支撑和方向引领，也彰显了中华民族的文化创造能力，为重振民族文化自信奠定了坚实的基础。

第五，中国共产党找到了继承和发展民族文化的智慧和方法，为中华文化的未来发展指明了方向。中国文化向何处去，如何对待传统文化和外来文化也一直是让中国人纠结的理论和现实课题。对于这两大难题，五四运动以后，无论是文化保守主义还是文化激进主义都没能作出符合文化发展规律的回答。代表中国先进文化前进方向的中国共产党在肩负民族复兴使命的进程中也一直在探索民族文化发展之道。在文化建设中如何对待传统文化和外来文化的问题上，中国共产党通过不断的实践探索，从马克思主义中找到了传承和发展中国文化的智慧与方法，先后悟出了"吸取其精华、剔除其糟粕"与创造性转化、创新性发展的原则、"不忘本来、吸收外来、面向未来"的方针和坚守中国文化的立场，确立了面向现代化、面向世界、面向未来的民族的、科学的、大众的社会主义文化这一价值目标，明确了中国文化未来发展的方向，也为重振中华文化自信提供了理想和信念。

二、发挥学校教育在用中华优秀传统文化培育文化自信中的作用

在每个人的成长过程中，正规的学校教育无疑是最为重要的一个环节。充分发挥好学校教育在用优秀传统文化培育文化自信中的作用是一种行之有效的方法。

（一）在学校教育中增加中华优秀传统文化的比重

从文化自信建立的心理机制来看，用优秀传统文化培育文化自信的第一步是对优秀传统文化有充分的认知。能够让广大民众，特别是青少年熟悉优秀传统文化的最主要途径之一是增加学校教育教学中优秀传统文化的比重。教育是由小学、初中、高中和大学等不同阶段构成的，主要包括启蒙教育、基础教育、高等教育、职业教育、继续教育等教育领域，要针对不同阶段学生的特点、不同领域教育教学规律，有序安排讲授优秀传统文化内容。

第一，在课程建设和课程标准修订中增加优秀传统文化比重，以增强文化自信。教育机构要围绕优秀传统文化教育的主要任务，在中小学部分课程中增加优秀传统文化比重，如德育、语文、历史等；有些课程

应渗透优秀传统文化相关内容，如数学、物理、化学等。

第二，在教材编写和修订中增加中华优秀传统文化内容，以增强文化自信。教材作为课程资源的重要载体，是实现教育教学目标的重要保证和重要依托。因此，教学内容的革新首先离不开对教材资源的深入挖掘和合理整合。需要将大量涉及中华优秀传统文化的内容融合其中，使之在不背离教材知识体系构建原则的基础上，春风化雨、润物无声地将传统文化的人文精神、道德思想、处世哲学等注入学生成长的土壤，让中国的青少年在学习、领会、鉴赏中华传统文化的过程中，提升对祖国辉煌历史和灿烂文化的认知、认同和自信。鼓励有条件的学校充分挖掘具有地方特色的优秀传统文化教育教学资源，编写校本教材，以更接地气的方式让学生对优秀传统文化内容耳濡目染，感性认识与理性认识相结合，加深对相关知识的理解和掌握。另外，有必要采用混合式教学模式，录制优秀传统文化网络精品视频课，为学生线上自主学习提供丰富的学习资源。目前，各学校传统文化知识的讲授还主要采用选修课的方式，建议条件允许的情况下可开设必修课，以强化传统文化的重要性和增强优秀传统文化输入。

第三，加强中小学德育课和高校思想政治理论课建设，发挥这些课程在弘扬中华传统文化中的重要作用。高校要促进思想政治教育与优秀传统文化教育的紧密结合，以爱国主义教育为核心，深入挖掘中华优秀传统文化中蕴含的思想政治教育资源，进一步丰富中小学德育课和高校思想政治理论课的教学内容，创新教学方法和手段，提升教学效果。

第四，针对不同阶段学生的特点，甄别性地选择传统文化教育的内容和方法。在小学阶段，鉴于学生的认知特点，主要开展对优秀传统文化的启蒙教育。小学阶段的学生最主要的特征是理解能力较低，但记忆能力非常强。而优秀传统文化中很多都是爱国、处世、修身的深刻道理，这些道理需要一定的理解能力和实践感悟才能够深刻地理解。因此针对这些特点，小学阶段学生更适合背诵优秀传统文化的经典读物，通过背诵不仅能够增加对传统文化的熟知度，而且能够建立起对优秀传统文化的情感。在教材中增加一些传统礼仪的基本知识，更多地介绍有关传统节日等的小故事，增加感性认识，引导学生孝敬父母、尊敬师长、友爱同学、礼貌待人，养成勤俭节约、吃苦耐劳、言行一致的生活习惯和行为规范，培育热爱家乡、热爱生活、亲近自然的情感。古代经典诗词、散文也是优秀传统文化中的重要组成部分，通过增加教材中诗词、散文的比重，能够让学生充分感受优秀传统文化的魅力。小学阶段是引发学习者对古典文化产生兴趣的重要初始阶段。在中学阶段，随着学生的理解能力有了一定的提升，要深入浅出、循序渐进地引导学生加深对我国文化传统、重要史实、中华传统美德、传统习俗、人民群众和英雄人物的历史作用等的了解和思考，从而增强他们对优秀传统文化的理性理解和文化认同，以此提高学生对优秀传统文化的文化自信。大学阶段，教育教学的重点应该置于培养自主学习能力和批判性思维能力上，应该注重培养大学生的研究意识和创新意识，通过研读中国古代文化精华，感悟和吸取中华优秀传统文化的精髓，将传统文化中的家国情怀、责任担当、进取精神与践行社会主义核心价值观、建设中国特色社会主义事业、实现中华复兴伟大中国梦紧密联系起来，使学生们自觉担负起弘扬优秀传统文化、增强文化自信的使命与责任。

（二）打造弘扬中华优秀传统文化的高水平师资队伍

教师被誉为"人类灵魂的工程师"，与学生朝夕相处，对学生的重要影响是不言而喻的。教师队伍的传统文化水平高低对用优秀传统文化培育文化自信效果的影响也是不言而喻的。就目前的实际情况来看，部分教师的传统文化水平差强人意，专门从事传播优秀传统文化的教师更是寥寥无几，大部分教师还没有能力承担起传授优秀传统文化的重任。因此，用优秀传统文化培育文化自信需要打造一批高水平的专业教师队伍。

第一，在教师准入阶段要求教师应具备一定的传统文化知识。当前教师传统文化知识普遍不足，与进入教师队伍不要求传统文化知识有一定的关系。从 2010 年起，我国开始实行教师资格准入制度试点工作，要求必须通过教师资格考试才能够进入教师系统。考试是一种非常重要的调节手段，在教师准入考试中增加中华优秀传统文化的比重，一定会有助于提升教师的传统文化知识水平和人文素养，为弘扬优秀传统文化、培育文化自信提供师资储备。

第二，建立促进教师自觉提升传统文化知识水平的激励机制。在学校，与教师切身利益和职业发展最为相关的制度机制之一是职称评聘制度。在职称评聘标准中应适当提高传统文化方面的科研比重，要求论文、课题、出版著作等教学科研业绩中必须有传统文化方面的内容体现。在各级各类优秀教师评选中，在各种荣誉称号的评定中，乃至在职务提升条件中都应有意识地增加传统文化比重，培养和造就一批具备深厚传统文化知识和人文素养的教学名师和学科领军人才。

第三，加强对全体在职教师的传统文化知识培训。目前，教师的传统文化知识普遍比较欠缺，只有通过更加全面的专业化的培训才能有所提高。对于中小学教师，我国出台了中小学教师国家级培训计划，很多地区实施了义务教育学校校长和农村幼儿园园长研修培训计划等。在大学阶段，我国有哲学社会科学教学科研骨干研修、高校思想政治理论课骨干教师研修、高校辅导员骨干培训等。在所有这些培训中增加传统文化内容比重，以此提高各级各类学校传统文化教育教学的能力。各级各类院校自身也要加大培训力度，定期或不定期地邀请传统文化方面的专家学者进行专业培训，也可通过网络平台、视频讲座和交流研讨等方式开展活动。通过形式多样的培训增加教师的传统文化知识储备，提高个人文化素养，言传身教地将优秀传统文化知识传授给学生，在此过程中共同提升中国特色社会主义文化自信。

三、搞好家风建设促进中华优秀传统文化培育文化自信

儒家思想是入世的，颇具实践精神。格物、致知、诚意、正心、修身、齐家、治国、平天下。传统文化将齐家视为积极入世的一个必然环节。家风在传统文化中占有重要地位，同时也是用优秀传统文化培育文化自信的重要途径。

（一）良好家风植根于中华优秀传统文化

对很多人来说，家风不是一个陌生的概念，人们普遍认为道德品质高尚的人家风好，认为诸如诚实、善良、守信、正义，甚至廉洁自律等很多优秀品质来源于好的家风。鉴于家风的具体表现形式多种多样，家风的定义也有着多种诠释。有学者认为："所谓家风，一般是指一种由父母或祖辈提倡并身体力行和言传身教，用以约束和规范家庭成员的风尚和作风。"也有人认为："一般意义上，所谓的家风，往往是后代人继承并且发扬了先辈留下的精神遗产，只有经过一定时间、一定数量代际传承的家庭文化性格才能称之为真正意义上的家风。"①笔者认为：家风亦称门风，是一个家庭或家族在世代繁衍发展的过程中逐步形成的传统习惯、生活方式、行为准则与处世之道的综合体，其主要内容是其独特而稳定的思想观念和情操、作风。可见家风能够规范一个人的生活习惯、方式，由此遵循了传统文化中宣扬的一些美德。在我国的历史中，比较著名的家风有很多，比如西晋潘岳的《家风诗》、魏晋南北朝"阳崔褚氏"的家风、唐朝宰相张九龄的张氏《祠规》、北宋司马光的《训俭示康》、晚清曾国藩的《曾国藩家训》，以及《孔子家语》《放翁家训》

---

① 李生文.传统家风建设对领导干部清正廉洁的积极意义［J］.青海党的生活，2017（2）：39-40.

《朱子治家格言》《梁启超家书》《钱氏家训》《颜氏家训》《李鸿章家训》《朱子家训》等。

优秀传统文化是优秀家风的根基，良好的家风皆是建立在优秀传统文化之上。优秀传统文化中"仁、义、礼、智、信""温、良、恭、俭、让""恭、宽、信、敏、惠"等都是优良家风的主要理念。《礼记·大学》曰："欲治其国者，先齐其家"，作为一种"有形"魅力的良好家风，在"一茶一饭"的言传身教中得以鲜明体现。具体到历史上一些著名的家风都是优秀传统文化的生动体现。比如《孔子家语》中的立身处世之说，"不学诗，无以言；不学礼，无以立"；康熙《庭训格言》中重早教思想："谕教宜早，弗敢辞劳"；《放翁家训》中陆游示儿的"闻义贵能徙，见贤思与齐"等。岳飞一生虽未留下成文家规家训，但其"精忠报国""不爱钱，不惜死"等家风家训一直为后世广为传颂，并且产生深远的影响。《宋史·岳飞传》记载："（岳）飞裂裳，以背示铸，有'尽忠报国'四大字，深入肤理。""尽忠报国"四字融入岳飞的灵魂深处，成为他一生所遵循的行动指南。通过这些家风家训的具体内容可以看出，它们都是以优秀传统文化为根基的，是优秀传统文化的具体体现。优良家风的传承，需要从优秀传统文化中汲取思想精华和道德营养，并将其内化为人们的精神追求，外化为人们的自觉行动。

（二）良好家风涵养中国特色社会主义文化自信

文化自信是一个国家、一个民族发展中更基本、更深沉、更持久的力量。必须坚持马克思主义，牢固树立共产主义远大理想和中国特色社会主义共同理想。建立和增强文化自信要培育和践行社会主义核心价值观，不断增强意识形态领域主导权和话语权，推动中华优秀传统文化创造性转化、创新性发展，继承革命文化，发展社会主义先进文化，建设好中国特色社会主义文化。

而家风在培育文化自信中发挥什么作用呢？优良家风是中华优秀传

统文化的重要组成部分，中华优秀传统文化是涵养社会主义核心价值观的根基和源泉，传承良好家风是连接社会主义核心价值观与传统文化的纽带与桥梁。而社会主义核心价值观和中华优秀传统文化共同构成了建立和增强文化自信的关键要素，因此，良好家风和家庭美德对于培育和践行社会主义核心价值观，对于增强文化自信必然具有积极的促进作用。良好家风和家庭美德对于每个家庭成员均有深刻的影响，而家庭成员又是社会成员，是发展中国特色社会主义文化的主体，是文化自信的主体。优良家风往往提倡尊老爱幼、互谦互让、家庭和睦、勤俭持家等传统美德，反对骄奢淫逸、挥霍无度、道德败坏、赌博酗酒等不良习气，这些优良家风潜移默化、润物无声地影响着家庭成员的道德修养、人格品质，对个体社会化过程产生重要的影响。这些家风中的优秀美德是优秀传统文化的重要组成部分，也是社会主义核心价值观所倡导的，它们同频共振，共同培育和涵养了中国特色社会主义文化自信。

优秀传统文化通过家风更好地延续下去。良好的家风有助于让全国人民体会到优秀传统文化中所蕴含的人生智慧和高尚美德，进而增强文化自信。家风是一个家族价值观代代传承的体现，良好的家风能够使每个家庭成员塑造良好的品德和习惯，而良好的品德和习惯是一个人成功最重要的基础和保证。古人云："积善之家，必有余庆；积不善之家，必有余殃。"（《易传·文言传·坤文言》）从古至今，良好的家风都能够教导人扬善弃恶，教导人清正廉洁。一个人，通过良好的家风获得了成功，在自己看来会对自己的家风产生自信，在别人看来，一个有过良好家风而成功的人也成为榜样，同样会激起他们对良好家风的向往。良好的家风还能够带动政风清廉，民风淳朴，有力地提升我们的社会风气。建立在优秀传统文化基础上的家风必然会提升人们对优秀传统文化的认知，提升我们自己的文化自信。因此，文化自信的提升有赖于优秀家风的培育，离不开家庭美德的发扬光大。

（三）要把家风建设摆在重要位置

第一，从国家层面要积极引导家风建设，建立一定的规范。表面看来，家风隶属于私人领域，似乎与国家关系不大。中国封建社会是传统的宗法社会，国家建立在氏族血缘关系基础上，具有"家国同构"的社会特性，培育了中国人的家国情怀和家国一体的心理情愫。虽然每个人出自不同的家庭，却自觉地与国家社会建立起紧密的关联。但家风建设更要国家引领，建立制度化、法治化的家庭美德规范对于促进家风建设具有重要意义。国家有必要规范良好家风的具体内容。国家倡导社会主义核心价值观，其内容可以规范引导家风。比如国家倡导民主观念，那么诸如"君为臣纲，父为子纲，夫为妻纲"之类的思想就属于传统文化中的糟粕而不能成为新时期家风的组成部分。诸如爱岗、敬业、诚信、友善则都可以优秀传统文化为依托成为良好家风的内容。国家通过立法、制度彰显这些优秀家风，营造全社会都向往的氛围。

第二，从社会层面营造舆论，引导家风建设。随着经济体制改革的全面深化，中国人民坚持凝神聚力搞建设，坚持对外开放，中国发生了翻天覆地的变化，成为全球第二大经济体。人们的生活水平提高了，但拜金主义、享乐主义、唯我主义等不良社会风气也慢慢滋生出来。人与人之间的情感变得淡漠，关系日渐疏远，甚至亲情也不再像传统社会那么紧密。时代改变了，当然要求我们对家风的理解也在一定程度上发生改变。但唯利是图、见利忘义在什么时代都应当被人们所唾弃，都不能成为良好家风的组成部分。因此我们要加大对家风的舆论引导。我们已经进入了新媒体时代，由于新媒体即时性、交互性、海量性、共享性等特点对民众产生巨大影响，因而提示我们应该充分注重媒体的宣传作用。要充分发挥主流媒体的阵地作用，积极宣传良好家风带来的正能量。实际上，在我们身边就不乏具有良好家风的典型事例，比如孝敬父母，夫妻和睦，家庭和谐，诚实守信等。媒体应加强这些正面案例的宣传力度，提高影响力和推广度。另外，还有一些有利于弘扬优良家风的节日也要大力提倡，比如"父亲节""母亲节"等，在全社会形成弘扬良好家风的氛围。

第三，从家庭层面提升素养，构建良好家风。在一个家庭中，行使决策权的主要是家长，家长的素质决定了家风的层次。家长一定要深刻意识到自己在培养家风中的重要作用。在现实层面上，有些人对"读书无用论"深信不疑。书籍是人类最宝贵的精神财富，如果家长持有读书无用的观点，孩子们怎么能够潜心读书呢？因此，家长要提升自身素质，通过自己的一言一行，言传身教，影响孩子，进而提升家风。家长要多读书，提高个人修养，给孩子树立正面的榜样。家长要严格要求自己，约束自己的行为，有不良生活作风、行为习惯等要及时改正。父母教育子女最基本的方法是言传身教，首先检点自己的一举一动，让子女尊敬自己首先要做自己尊敬自己的家长。

四、拓宽用中华优秀传统文化培育文化自信的社会实践渠道

用优秀传统文化培育文化自信是一个系统工程，需要社会各方主体的多元支撑。因此，充分地利用好社会实践渠道是用优秀传统文化培育文化自信不可或缺的路径。

（一）重视中华优秀传统文化经济价值以增强文化自信

改革开放以来，中国特色社会主义市场经济不断发展，市场经济价值标准作为评定事物的重要标准越来越受到关注。虽然优秀传统文化蕴含着丰富的无法用经济价值来衡量的价值，但毋庸置疑的是，如果优秀传统文化可以充分地在市场经济中体现出价值，就更加能够体现优秀传统文化在当代的生命力，我们对优秀传统文化的信心自然会得到进一步提升。《现代汉语新词语词典》中，文化市场被定义为：一种把精神产

品和文化娱乐服务作为商品进行交易的场所。按照文化在市场中的呈现形式来看，文化市场包括演出市场、音像制品市场、文化旅游市场、艺术表演市场以及古董文物市场等。我国的文化市场起步较晚，正如有的学者指出的："现代文化市场体系建设整体水平还不高，文化产品和要素市场发育还不完善，文化产品流通和服务渠道还不畅通，文化消费潜力还未充分激发出来。"可见，我国的文化市场还具有很大的潜力可以挖掘。①

第一，提升相关从业人员利用优秀传统文化创造经济价值的意识。优秀传统文化内容之丰富几乎无所不及，且带有鲜明的中国特色。因此，可以非常肯定的是，优秀传统文化本身具有很高的经济价值，只是很多相关文化主体对优秀传统文化的经济价值还认识不到位。相关从业人员有必要重新审视传统文化，提高利用传统文化创造经济价值的意识，在实现其经济价值的过程中培育和增强文化自信。

第二，优化适应现代文化市场体系的政策环境。文化市场从根本上说是市场行为，具有市场的一般特征。首先要做好市场的服务工作，为文化市场提供便利的准入政策，加大对文化市场在土地使用、社会保障等方面的扶持力度，在税收等金融方面充分考虑文化市场的承受能力等。其次要为文化市场提供一个相对宽松的政策环境。文化市场固然带有市场的一般特征，但它的独特性也是非常鲜明的，需要对文化进行再创造。对传统文化的再创造能否达到较高的水准，关系到将该产品推向市场后的成败。文化的再创造特别需要一个宽松的环境，在不违反国家法律和政策、不与社会主义核心价值观相左的大前提下，尽量让市场对文化产品做出选择，其优劣留给消费者去评判。最后要加大对文化市场

① 史晓宇，诸芳. 大众化：新时代传承与弘扬中华优秀传统文化的理性选择[J]. 广东省社会主义学院学报，2018（2）：99-104.

的知识产权保护力度。文化创造绝非易事，创作者的劳动只有得到了充分的尊重，利益得到了充分的保护，才能够更加激发创作热情。我们必须建立严厉打击非法盗版、非法营销的相关制度，完善专利申请、版权登记的相关服务，让创造力迸发出来，服务于中国特色社会主义文化建设。

第三，充分调动各种文化市场要素的活力。在文化市场中，企业占据着重要的主体地位。由于历史的惯性，一些文化企业还是属于国有企业。国有企业要深化供给侧结构性改革，找准自身的优势，瞄准市场的需要，将自身的优势发挥出来。一是要形成激励机制，形成多劳多得，按贡献分配利益。二是要确立清晰的产权，明确权责，激发每个人的主体能动性。非公有制的文化企业是我国市场经济的重要组成部分，同样是繁荣文化市场的主力军。非公有制文化企业的优势主要表现在主动性强，劣势是力量不够集中。非公有制文化企业也要扬长避短，发挥对文化市场洞察敏锐、行动快捷的优势，在不断创新中将企业做大做强。繁荣文化市场同样需要充分重视资金、人才、技术等要素，让社会资本进入文化市场中来，盘活游动资本，尝试联合投资开发，解决文化市场的投入困境。总之，要将文化市场的诸多要素通盘考虑进来，让各要素充分发挥作用，形成合力，繁荣文化市场。

文化市场的出现是社会发展到一定阶段的必然结果，它既相伴于人类物质生产和消费水平的发展而发展，同时极大地助力于社会向新阶段的不断迈进。美好生活需要成为本质需要，美好生活需要包括文化需要。因此，在这样的时代背景下，不断发展和完善中国文化市场，使优秀传统文化不断创新发展，焕发出时代生命力，使文化市场成为培育文化自信的重要社会实践渠道，具有重大的现实意义和实践价值。我国文化市场的发展需要得到来自国家的高度重视、社会力量的积极合作以及相关文化从业者的高度认知，在协同合作中不断促进文化体制改革、文化市场体系的构建以及文化市场准入制度的创新，最终促进文化市场的可持续发展和文化市场生态系统的整体优化。

（二）将中华优秀传统文化充分融入媒介以彰显文化自信

媒介是信息传递的载体，用优秀传统文化培育文化自信要充分意识到媒介在宣传和传播文化方面的强大力量，要利用好媒介的作用积极弘扬优秀传统文化以彰显文化自信。

第一，在媒介中增加优秀传统文化的内容。人们对中华优秀传统文化产生文化自信是基于对传统文化的认知和了解基础之上的。因此，营造氛围、提高熟悉度、提高传统文化的传播力和影响力，增强优秀传统文化的存在感，这就离不开媒介的支撑作用。我们要有意识地在媒介中增加优秀传统文化的占比，利用各种媒介及时、迅速地呈现传统文化相关内容。如果图书、报刊、广播、电视、网络等各类媒体上随处可见各种形式的传统文化元素，民众便潜移默化地接受传统文化的影响，逐渐地对优秀传统文化耳熟能详，产生亲切感并乐于接纳。我们传统文化中有大量的优秀内容可以成为各种媒介宣传的主题，可以制成节目，在展示中国物质文化的同时，使人们了解这些传统概念的收藏品背后承载的特殊故事，重温历史，品味传统；还可以将各朝各代发生的故事拍成历史剧，通过视听享受向民众展示丰富的传统文化。

第二，在媒介中采用优秀传统文化的表达形式。媒介承载着各种各样丰富多彩的内容和主题，将背景、环境、语言风格等有意识地用优秀传统文化的元素加以点缀和修饰，使其带有鲜明的民族特色，也可起到弘扬优秀传统文化的效用。优秀传统文化是由老子、孔子、庄子、孟子等伟大思想家的智慧凝结而成，这些思想巨匠有众多经典名言流传至今，有些在当代仍具有极大的现实意义。在媒介传播中加入这些流光溢彩、光彩照人的名言警句，不仅使内容增色，使之更具吸引力，也必然会引发我们对优秀传统文化的兴趣和欣赏。传统文化中还有很多巧夺天工的建筑，雕梁画栋、飞檐微翘，或气魄恢宏，或充满诗情画意，让人对中华优秀传统文化产生共鸣，同样能达到用优秀传统文化培育文化自信的目的。

第三，将优秀传统文化的精神注入媒介之中。新时代要求我们具有现代社会发展所需的中国精神，如爱国主义精神、集体主义精神、民族精神、时代精神等。优秀传统文化包含很多优秀的精神内涵，可以多方面培育我们的中国精神，提升我们的文化自信。毫不夸张地讲，当代我们弘扬的各种文化精神，优秀传统文化中都有相应的内容体现。比如社会主义核心价值观是当代中国精神的集中体现，而无论是国家层面、社会层面，还是个人层面的价值观都有与之契合的传统文化思想。将优秀传统文化与社会主义核心价值相符合的精神内涵通过媒介宣传传播，以传统文化的形式呈现出来，便自带寻根溯源的历史厚重感，让人信服，有利于被接受和吸收，进而提升我们的文化自信。

但是，媒介，特别是新媒体，在为传播优秀传统文化带来机遇和利好的同时，也带来了不可避免的隐患。新媒体技术打破了传统媒体的种种限制，降低了信息传播的要求，信息的精准性和权威性大打折扣，使得传统文化的"精华"和"糟粕"在没有进行甄别的情况下快速传播出去，不利于中华优秀传统文化的弘扬和发展。因此，国家要通过建章立制、加强监管等办法最大限度地减少媒介在传播传统文化中可能产生的负面影响。

（三）加强中华优秀传统文化对外传播以增强文化自信

第一，积极探索中华优秀传统文化对外传播交流的新路径，不断提高文化交流的能力和水平。我们应积极采取推动中华优秀传统文化对外传播的策略应对制约与挑战。一是推进中华优秀传统文化的现代转型，树立文化自信。中国的强大不单单包括经济的振兴，也不能忽视文化的繁荣和传承。中华民族的长远发展离不开中华优秀传统文化的思想根基，社会主义核心价值观的培育与践行离不开传统文化的历史滋养，中国特色社会主义同样离不开优秀传统文化的肥沃土壤。我们要在实践中不断整合精品文化内容，探索可以促进社会发展进步的传统文化价值与意义，依据当今国际局势和中国国情不断促进文化的创造性转化与创新性发展，使传统文化的优秀元素植根于国人内心深处，激发文化认同、自觉和自信。二是利用新媒体更新文化传播模式，培育文化自信。互联网时代的来临，新媒体的出现以更科学、更便利、更迅捷的优势彻底改变了人们认识世界和获取信息的方式和途径。我们要尝试在相互尊重的前提下，结合当地文化的特异性，在新媒体技术的支持下，灵活选择传播模式，力争构筑可以触及不同层次、不同习惯人群的综合、立体的传播模式，使传播效果最大化。同时，在积极的探索传播过程中，使国人的文化自信得以不断发扬、巩固、提升。三是实施中华优秀传统文化传承发展的教育工程，大力培养跨文化传播人才。在高等教育阶段，利用好专业外语课堂和大学外语课堂，充分发挥课程思政的协同育人功能，加强学生对于传统文化的传播意识，强化学生跨文化交际能力的培养和训练，打造一批既精通中国传统文化又熟悉国际学术交流范式，既具备扎实的外语语言功底又拥有良好的跨文化传播能力的高端复合型人才，进而解决汉语翻译过程中的意义流失问题，为中华优秀传统文化的对外传播提供智力支持和人才保障，彰显文化自信。

第二，充分运用海外中国文化中心、孔子学院等组织机构助力中华优秀传统文化的国际传播。在海外设立中国文化中心有着深刻的国际背景和现实需求，是文化对外传播、提高国家文化影响力、加深文化相互认同、增强文化自信的行之有效的做法。国家领导人对此项工作高度重视，自1988年在毛里求斯和贝宁设立了首批海外中国文化中心，海外文化机构的布局不断完善，文化中心建设迅速发展起来，并发挥日益重要的作用。中心通过举办各类文化活动，推介当代优秀艺术成果，推动中国文化产品、文化精神进入驻在国主流文化视野，弘扬优秀传统文化，提高中国文化国际影响力，增强文化自信。中心定期组织学术讲座、研讨会、汉学家交流等活动，促进思想交流；此外，中心还组织语言、文化艺术、体育健身等各类培训项目以及实施各类短期培训计划；提供信息服务，介绍中国的历史、文化和当代社会生活等。文化中心的设立标志着双边关系的进一步深化，文化交流与合作更加密切，有效地发挥了对外传播中华优秀传统文化、增强文化自信的作用。

孔子学院项目是对外传播中华优秀传统文化的又一重要途径。孔子学院项目由国家汉语国际推广领导小组办公室负责，旨在以汉语为桥梁向世界传播中国文化，逐步发展成汉语言国际教育和中国文化传播的重要平台。孔子学院项目的发起主要是为了适应世界各国人民对汉语学习、加强中国与世界各国教育文化交流合作、发展中国与外国的友好关系的需要。孔子学院项目自发起之日以来就在开展汉语教学、培训汉语教师、提供中国文化信息咨询等方面发挥了重要的作用。此外，还开展了中华文化讲堂、中华文化展、年会、文艺演出等形式多样的中外语言文化交流活动，成为名副其实的中国文化传播的全球品牌和平台，大力地推动了中国传统文化的对外交流，提振了文化自信，提升了民族自豪感。

总之，世界文化多元化背景下，加强中华优秀传统文化的对外传播与交流，必定会获得更多他国人民对中国文化的认知和认同，从而提高中华文化的世界影响力，在此过程中也必定会引发我们对自身文化的重新思考和认识、激发对自身文化的浓厚兴趣，并坚定对自身文化的强烈信心和将其发扬光大的一往无前的勇气。

参考文献

［1］春天．重塑自信，找回自我［M］．北京：北京工业大学出版社，2016.

［2］黄延敏．黄土与红旗：延安时期中国共产党与传统文化研究［M］．北京：学习出版社，2014.

［3］［德］马克斯·韦伯．新教伦理与资本主义精神［M］．于晓，陈维纲，等，译．上海：上海三联书店，1987.

［4］习近平．习近平谈治国理政：第2卷［M］．北京：外文出版社，2014.

［5］毛嘉陵．中医文化传播学［M］．北京：中国中医药出版社，2014.

［6］［美］克利福德·格尔茨．文化的解释［M］．韩莉，译．南京：南京大学出版社，2008.

［7］马克思．1844年经济学哲学手稿［M］．北京：人民出版社，2002.

［8］全国人大常委会办公厅，中共中央文献研究室．人民代表大会制度重要文献选编（4）［M］．北京：中央文献出版社，2015.

［9］邓小平．邓小平文选：第3卷［M］．北京：人民出版社，1993.

［10］王文章. 非物质文化遗产概论［M］. 北京：文化艺术出版社，2008.

［11］胡平生，陈美兰. 译注. 礼记·孝经［M］. 北京：中华书局，2007：110.

［12］郑秋莹，汪晨，杨子. 城乡居民中医药文化认同现状调查报告［J］. 中国中医药文化发展报告（2020），2020：180-206.

［13］单波. 寻找跨文化传播的可能性［J］. 跨文化传播研究，2020（01）：1-3.

［14］谭永清，高峰. 浅论中华文化起源与文化发展的因素［J］. 中学政治教学参考，2011（1）：125.

［15］杨起予. 文化自信的历史由来和现实思考［J］. 上海师范大学学报（哲学社会科学版），2019（6）：15-18.

［16］卢佳. 推动中华优秀传统文化发展 建设社会主义文化强国——学习习近平总书记关于中华优秀传统文化的重要论述［J］. 新湘评论，2020（3）：7.

［17］周忠华，张诵威. 论文化自信的生成机制［J］. 武陵学刊，2020（5）：99-103.

［18］李竹君，郑庆昌. 试析马克思的异化劳动理论及其现实启示［J］. 重庆科技学院学报（社会科学版），2017（8）：19-20.

［19］Tan, S. -K., Kung, S. -F., &Luh, D. -B. A Model of "Creative Experience" in Creative Tourism［J］. Annals of Tourism Research, 2013（41）：153-147.

［20］曹爱斌. 文化自信的内涵及其在"四个自信"中的地位［J］. 人文之友，2021（4）：55.

［21］黄建军. 文化自信的意识形态功能［J］. 马克思主义研究，2019（8）：19.

［22］陈永胜，曹雅琴．试论文化自信的内容谱系、生成逻辑与建构方略［J］．科学社会主义，2018（05）：42-48．

［23］宋玉静．中华优秀传统文化主要内容及其当代价值［J］．沈阳农业大学学报（社会科学版），2018（01）：107-110．

［24］张清林．论新时代坚定中国文化自信［J］．桂海论丛，2018（5）：107．

［25］蔡玉波，李光胜．论中华优秀传统文化时代化［J］．成都工业学院学报，2021，24（3）：106-109．

［26］肖群忠．儒家道德的当代价值［J］．中国德育，2014（8）：35．

［27］白荣．民族传统元素在艺术设计中的应用研究［J］．鞋类工艺与设计，2022，2（19）：56-58．

［28］闵泽鹏．中国传统元素在现代艺术设计中的创新研究［J］．艺术品鉴，2021（18）：63-64．

［29］陈仁寿．中医药古籍整理现状与关键问题探析［J］．南京中医药大学学报（社会科学版），2022，23（3）：165-170．

［30］刘洪，李文林，张洪雷，等．江苏中医药文化遗迹现状及保护措施探析［J］．南京中医药大学学报（社会科学版），2019，20（4）：237-240．

［31］高良敏．行动者视角：援非医疗队制度与实践的边界［J］．中山大学学报（社会科学版），2022（6）：162-175．

［32］乐黛云．后殖民主义时期的比较文学［J］．社会科学战线，1997（1）：138-143．

［33］马丽．言语调节理论的形成及其应用［J］．海南大学学报（社会科学版），1998（1）：78-81．

［34］李芳．"人类卫生健康共同体"视域下中医药高校学生跨文

化能力培养探究［J］.中国医药导报，2021（25）：63-66+83.

［35］郑越，何源.跨文化视域下网络直播的文化转译与调试［J］.福建师范大学学报（哲学社会科学版），2020（3）：93-99+171.

［36］史安斌.新时代国际传播能力建设的新思路新作为［J］.国际传播，2018（1）：8-15.

［37］黄永林，纪明明.论非物质文化遗产资源在文化产业中的创造性转化和创新性发展［J］.华中师范大学学报（人文社会科学版），2018（5）：24.

［38］冯丽君.挖掘传统文化资源 促进文化产业发展［J］.经济研究导刊，2019（8）：15.

［39］李明.文化自信与中华优秀传统文化的对外传播［J］.改革与开放，2018（10）：88.

［40］周康林，郝立新.马克思"人民主体"思想的内在逻辑与当代价值［J］.马克思主义研究，2019（7）：16-18.

［41］王爱玲.践行社会主义核心价值观须着眼于五个方面下功夫［J］.甘肃理论学刊，2015（6）：17.

［42］朱文清.坚定文化自信，助力中华优秀传统文化"走出去"［J］.现代企业文化，2019（23）：2-3.

［43］姚修杰，徐景一.物的依赖性与人的独立性——论现代人的存在方式［J］.武汉科技大学学报（社会科学版），2012（7）：14.

［44］王立民.习近平总书记治国理政的哲学思想［J］.世界哲学，2016（3）：67.

［45］李生文.传统家风建设对领导干部清正廉洁的积极意义［J］.青海党的生活，2017（2）：39-40.

［46］史晓宇，诸芳.大众化：新时代传承与弘扬中华优秀传统文化的理性选择［J］.广东省社会主义学院学报，2018（2）：99-104.

［47］李芮. 我国公民中医药健康文化素养水平持续增长［N］. 中国中医药报，2023-07-20（1）.

［48］张其成. 中医药文化资源亟须全国性普查［N］. 光明日报，2019-04-14（6）.

［49］王因. 先秦儒家"内圣外王"理想人格及其现代德育价值研究［D］. 上海：华东师范大学，2013：53.

［50］杨勇. 马克思人的自由全面发展理论及其现实观照［D］. 西宁：青海师范大学，2017.